Dentelles et Guipures

Droits de traduction et de reproduction réservés pour tous pays y compris la Suède, la Norvège et le Danemark.

EXEMPLE DE COL EN POINT COLBERT.

JEAN-BAPTISTE COLBERT. 1619 † 1683
Fondateur de l'industrie dentellière en France.

AUGUSTE LEFÉBURE

Dentelles et Guipures

ANCIENNES ET MODERNES
IMITATIONS OU COPIES

Variété des Genres et des Points

52 PORTRAITS DOCUMENTAIRES
249 ÉCHANTILLONS DE DENTELLES, COLLERETTES, FRAISES,
MANCHETTES, RABATS, ETC.

PARIS
ERNEST FLAMMARION, ÉDITEUR
26, Rue Racine, 26

CE VOLUME
EST PRÉCÉDÉ D'UN SOMMAIRE ANALYTIQUE.
IL EST TERMINÉ
PAR UNE NOMENCLATURE DE PLANCHES OU FIGURES
ET PAR UNE TABLE GÉNÉRALE

Les dentelles reproduites sous les numéros :
68, 106, 133, 134, 135, 136, 137, 159, 161, 167, 168, 169, 170, 173, 174,
176, 177, 203, 204, 205
ont été exécutées sous la direction de M. Lefébure.

POUR LA DIRECTION ET LA RÉDACTION
DE LA
BIBLIOTHÈQUE DES ARTS APPLIQUÉS AUX MÉTIERS
S'ADRESSER A
M. ROUVEYRE, RUE DE SEINE, 76, PARIS

Fig. 2. — Dentellières aux fuseaux. (xviii⁰ siècle.)

CHAPITRES ET SOMMAIRES

(LES NUMÉROS INDIQUENT LA PAGINATION)

LA DENTELLE.

Définition de la dentelle, 17. — Sa différence avec la broderie, 17. — L'art dans sa fabrication, 17. — Les différents genres de dentelles, 18. — La dentelle à l'aiguille, 19. — Sa fabrication, 19. — Les divisions du travail de la dentelle à l'aiguille, 20. — Les diverses dentelles à l'aiguille, 20. — La dentelle aux fuseaux, son exécution, 20. — Les diverses dentelles aux fuseaux, 21. — Les guipures, 21. — La dentelle au crochet, sa fabrication, 22.

ORIGINE DE LA DENTELLE.

Son origine remonte au xv⁰ siècle, 23. — Venise est la première ville où sa fabrication ait été organisée, 23. — L'origine de la dentelle aux fuseaux est obscure, 23. — Les dentelles aux fuseaux sont contemporaines des premières dentelles à l'aiguille, 24. — Le luxe des dentelles aux xvi⁰, xvii⁰, xviii⁰ et xix⁰ siècles, 25. — La dentelle prend place dans les costumes de cour, 25. — Elle sert aussi bien aux hommes qu'aux femmes, 25. — Coquetterie du roi Henri III, 25. — La mode sous Henri IV, 26. — Extension considérable de la mode

des dentelles, 26. — Les points d'Argentan et d'Alençon, 26.
— La dentelle dans les toilettes de déshabillé, 26. — Les
dentelles employées dans les hautes coiffures, 26. — Les
dentelles employées à l'ornement des baignoires et des lavabos, 27. — Elles servent à la décoration des églises et des
chapelles particulières, ainsi qu'à l'ornement des rochets
d'évêques, 27. — Ces dentelles ont souvent été vendues à des
brocanteurs, 27. — Orgueil des femmes à posséder les plus
belles parures de dentelles, 28. — Les goûts d'une Parisienne
en 1782, 28. — Les manchettes de jour et de nuit, 28. — Un
aperçu des prix de quelques dentelles, 29. — Son emploi
comme garniture de lits de parade, 29. — La dentelle dans
les corbeilles de mariage. — Une toilette de Mme du Barry,
30. — Déclin de l'industrie des dentelles aux derniers jours
de la monarchie, 30. — Emploi de plus en plus restreint de
la dentelle, 31. — La dentelle s'industrialise, 32. — Contrecoup de la Révolution sur l'industrie dentellière, 32. — Le
goût commence à reparaître sous le Directoire, 32. — Le
trousseau de la duchesse d'Abrantès, 33. — Avec le Consulat
et l'Empire le luxe des dentelles reprend, 33. — Napoléon
protège les fabriques d'Alençon et de Chantilly, 34. — Les
dentelles deviennent obligatoires dans les costumes de Cour,
34. — La Princesse Pauline et l'Empereur, 35. — L'Empereur
achète pour la corbeille de noce de Marie-Louise 81 199 francs
de dentelles, 35. — Crise sur les manufactures de dentelles
de 1813 à 1817 et invention du tulle à la mécanique, 35. —
Les Américaines sauvent par leur goût l'industrie dentellière,
36. — Nouvelle période de prospérité jusqu'à la fin du second empire, 36. — Triomphe des dentelles Chantilly, 36. —
Sa fabrication, 36. — L'impératrice Eugénie protectrice de
l'industrie des dentelles, 37. — Usage d'offrir des dentelles
dans les corbeilles de mariage, 37. — Concurrence de la
machine, 37.

LE LUXE DES DENTELLES.

Portraits historiques, 40 à 92.

DES EFFORTS FAITS EN FRANCE POUR ENCOURAGER
L'INDUSTRIE DE LA DENTELLE AU COMMENCEMENT DU XX° SIÈCLE.

L'industrie de la dentelle procure des occupations lucratives à de nombreuses ouvrières, 94. — Elle est favorable à la santé, 94. — C'est une industrie morale, 94. — Le Parlement français vote un projet de loi destiné au relèvement de cette industrie, 94. — L'initiative en est due à MM. Engerand, Flandin et Vigouroux, députés et à M. Charles Dupuy, sénateur, 94. — Rapport de M. Flandin, 95. — En 1860, 50 000 dentellières dans le Calvados, 95. — Aisance et prospérité pour les campagnes, 95. — La concurrence des machines cause de la crise de cette industrie, 95. — Le nombre des dentellières diminue chaque jour, 96. — Cette défection se produit au moment où la dentelle revient à la mode, 96. — Mme la Présidente de la République témoigne à M. Lefébure tout l'intérêt qu'elle porte à cette industrie, 97. — Les grandes dames d'Angleterre, d'Autriche, d'Italie, de Suède prennent sous leur patronage la dentelle à la main, 97. — Intérêt social à ne pas laisser perdre une telle industrie, 98. — La dentelle constituait pour les vieilles femmes un gagne-pain, 98. — La dépopulation des campagnes et la crise de la dentelle, 98. — La question de l'apprentissage, 99. — La loi sur l'enseignement obligatoire et la dentelle, 99. — L'apprentissage de la dentelle est possible à l'école, 100. — Subvention du Conseil général aux maîtresses, 101. — L'apprentissage est long, il dure 4 ou 5 ans, 101. — Conclusions du rapport de M. Flandin, 102. — Amendement présenté par M. Engerand pour solliciter l'appui du gouvernement en faveur de la dentelle, 103. — Les nouvelles générations sont déshabituées de ce métier, 104. — Cette situation préoccupe le Ministère du Commerce, 105. — Demande au ministre de l'Instruction publique pour faciliter l'apprentissage scolaire de la dentelle, 105. — Réponse du ministre du Commerce et de l'Industrie à M. Engerand, 106. — L'amendement de M. Engerand retiré et repris sous forme de proposition de loi, 107. — M. Vigouroux, rapporteur, 107. — Ses arguments, 107. — Inconvénients de l'émigration des femmes, 108. — Exemple donné par la Suède qui forme une Société pour la renaissance de l'industrie de la dentelle, 108. — Les dames de l'aristocratie hongroise et autrichienne suivent le même exemple, 109. — C'est en Angleterre que ces œuvres ont pris le plus d'extension, 110. — La vicomtesse Duncannon fait travailler les jeunes villageoises à la confection des broderies, 110. — La duchesse de Devonshire fait faire par des paysannes irlandaises les ornements d'un costume de bal costumé, 110. — Ouverture d'une école dentellière à Moscou, 111. —

Nous devons suivre les pays étrangers dans cette voie, 111. — Indications pour la fabrication des dentelles, 112 et 113.— La fabrication de la dentelle à la main s'adapte aux occupations rurales, 113. — De vieilles femmes s'y adonnent encore, 114. — La crise dentellière est une des causes du dépeuplement des campagnes, 114. — Les lois scolaires ne s'opposent pas à l'apprentissage à l'école, 117. — Organisation de cours professionnels, 117. — Les écoles professionnelles organisées en Autriche, 118. — La reine Victoria intervient pour défendre la dentelle à la main menacée par la concurrence des machines, 118. — Propositions diverses, 119. — Résumé et proposition de loi, 120, 121. — Arguments de M. Charles Dupuy au Sénat, 121 à 123. — Vœux des conseils généraux, 124, 125. — Expérience poursuivie à Bailleul, 127. — Lettre du Directeur de l'Enseignement technique, 127. — Lettre du Directeur de l'Enseignement primaire, 129. — Organisation de l'apprentissage à l'école, 130. — Cours et ateliers créés dans les centres dentelliers, 131. — Conclusions du rapport de M. Charles Dupuy, 133. — Le Sénat adopte la loi, 133. — M. Engerand demande la constitution, par les femmes du monde, d'un Comité de patronage de la dentelle, 134.

Les dentelles italiennes

Venise, berceau de la dentelle, 135.— Légende sur l'origine de la dentelle aux fuseaux dans ce pays, 135. — Merveilles produites à Venise par l'aiguille, 136.— Une garniture payée par Louis XIV, 136. — Colère des représentants de la République de Venise quand ils s'aperçoivent que leurs ouvrières vont exercer leur métier en France, 136. — Décret rendu par le Sénat, 136 et 137.— Le luxe dans la République de Venise, 137.— Le point de Venise, sa réputation, 137. — Sur l'initiative de Colbert, les dentelles d'Alençon et d'Argentan enlèvent le sceptre de la mode à l'Italie, 138. — Au XVII° siècle, l'art reste stationnaire, 138.—Les dentelles fabriquées à Gênes et à Milan, 139. — Les Italiens visent à copier les dessins anciens et à donner à leurs dentelles l'aspect des vieilles dentelles, 140. — Modèles de dentelles italiennes, 140 à 156.

Les dentelles belges

Réputation des dentelles de Belgique, 157. — A la Révolution, beaucoup d'ouvrières françaises ont émigré en Belgique, 157.— Concurrence faite à la France, 157. — Nombreuses écoles dentellières existant en Belgique, 158. — Points à l'aiguille, 158. — Les Applications, les Valenciennes, les Malines et les dentelles de Grammont, 159. — Les Applications d'Angleterre, leur fabrication, 159. — Le tulle à réseaux, 159. — Le réseau de la Valenciennes, 160. — Concurrence de la machine qui copie la Valenciennes au point de tromper les personnes les plus expertes, 160. — La dentelle Malines, sa fabrication, 161. — Le point de Paris, genre de Malines, ainsi nommé parce qu'à l'origine il fut fabriqué au faubourg Saint-Antoine, 161. — Les dentelles de Bruges, les Duchesses, les Binches et Trianon classées sous le nom général de dentelles ou guipures des Flandres, 162. — Leur emploi, 162. — Les dessins des dentelles belges fournis par la France, 162. — Modèles de dentelles belges, 162 à 188.

Les dentelles anglaises

Dentelle à l'aiguille dans le genre des dentelles de Venise, 189. — Dentelles aux fuseaux connues sous le nom de dentelle Honiton, 189. — Le point d'Irlande, 189. — La France est arrivée à le très bien fabriquer, 189. — Un Jésuite apporte des modèles de dentelles de Venise en Irlande, 189. — Le point d'Angleterre est fabriqué en Belgique, 190. — On croit que cette dentelle a été inventée en Angleterre, 190. — Sous Charles V, des navires en transportaient de grandes quantités de Flandre en Angleterre, 190. — Origine probable de son nom, 190. — Modèles de dentelles anglaises, 190 à 196.

Dentelles espagnoles, allemandes, autrichiennes, suédoises et russes.
Dentelles du Paraguay.

La fabrication espagnole, 197. — La fabrication allemande, 197. — L'Autriche réorganise la fabrication des dentelles aux fuseaux et à l'aiguille, 198. — En Russie des comités de dames patronnent la fabrication des dentelles, 198. — Dentelles faites au Paraguay, 198. — Modèles de dentelles de ces divers pays, 198 à 208.

Dentelles françaises.
Principaux centres de production.

Sous quels noms les dentelles françaises sont connues, 209. — Dentelles françaises à l'aiguille, 209. — Les broderies sur filet et les points d'Irlande, 210. — Quels sont les principaux centres de production, 210.

Dentelles du Calvados.

Origine de la dentelle en Calvados, 211. — Saint Vincent de Paul organise des travaux manuels pour les enfants, 212. — Résistance des corporations industrielles, 212. — Colbert obtient de Louis XIV de restreindre les privilèges trop exclusifs des corporations, 212. — Les Hôtel-Dieu et hôpitaux transformés et autorisés à faire travailler les enfants, 213. — Des religieuses apprennent aux petites filles la fabrication de la dentelle, 213. — Dans toute la Normandie un mouvement analogue se produit, 215. — La dentelle aux fuseaux fabriquée seule à l'origine, 216. — En 1855, M. Lefébure fait commencer la dentelle à l'aiguille comme à Alençon et à Venise, 217. — Le chanoine de Missy fonde un ouvroir de dentelles, 218. — Catastrophe arrivée à la manufacture du Petit-Bureau, 219. — Reconstruction du bâtiment, 219. — Les magistrats municipaux de Bayeux offrent au premier de l'an une paire de manchettes en dentelles de fil à l'Intendant de la Généralité de Caen, 219. — Invention du point de raccroc, 220. — Marie-Antoinette donne la vogue à une espèce de fichus, 220. — A l'approche de la Révolution les manufactures de dentelles sont moins prospères, 221. — Pétition au Comité révolutionnaire en faveur de la sœur Hue et de ses compagnes, 223. — Suppression de l'école et de la manufacture, 223. — Après huit ans d'interruption, le Bureau de Bienfaisance obtient de rappeler la sœur Hue et la réinstalle à son école, 224. — Deux ans après, Napoléon et Marie-Louise font leur entrée à Bayeux, 224. — Dix-huit jeunes ouvrières présentent à S. M. l'Impératrice une corbeille ornée de dentelles contenant un voile et une très belle robe d'enfant, 224. — Les Chantilly sont exécutés dans le Calvados, 225. — Les Chantilly noirs et blancs, 225. — Prédilection de Mme de Maintenon pour les Chantilly, 226. — Le Point Colbert et le Point de France, 226. — Modèles de dentelles du Calvados, 226 à 258.

Dentelles de l'Orne.

Alençon premier centre en France de la fabrication des dentelles à l'aiguille, 259. — Colbert choisit cette ville pour la fondation d'une compagnie chargée d'exploiter la fabrication des dentelles, 239. — A Argentan, une dame Raffy fonde la première compagnie, 240. — Secret de la fabrication du fond bride perdu pendant la Révolution, 240. — Un hasard fait retrouver, en 1873, des fragments de parchemins sur lesquels étaient dessinées et commencées des dentelles d'Argentan, 240. — Les points d'Alençon et d'Argentan, 241. — Modèles de dentelles de l'Orne, 242 à 262.

Dentelles de la Haute-Loire.

L'Auvergne et le Velay produisent les premières dentelles aux fuseaux, 263. — Les passements, 263. — Les dentelles *Las Pointas*, 263. — Les guipures aux fuseaux exécutées dans la Haute-Loire, 264. — Les guipures du Puy exécutées avec des dessins géométriques, 264. — Modèles de dentelles de la Haute-Loire, 267 à 272.

Dentelles de la Haute-Saône.

Vogue de la dentelle renaissance, et son prix modeste, 265. — Sa fabrication, 265. — Les broderies sur filet et sur toile rappelant les anciens points coupés, 265.

Dentelles des Vosges.

Centres de fabrication, 265. — Les voyages de Claude Lorrain, 245. — Distinction des guipures des Vosges avec celles du Puy, 265. — Leur nom de dentelles arabes, 265. — Pièces remarquables produites pour l'ameublement, 266. — Leurs qualités et leurs prix, 266. — Application d'Angleterre fabriquée à Mirecourt au milieu du xixe siècle, 266.

Les imitations de la dentelle.

La fabrication de la dentelle à la machine est le triomphe du simili, 273. — Difficulté de la distinction des dentelles à la machine et à la main, 273. — Qualités de la dentelle véritable, 274. — Sa rareté, 274. — La difficulté du travail et l'habileté nécessaire à sa production, 274. — Orgueil des femmes à se parer de dentelles de valeur, 274. — Comparaison entre la valeur d'une pierre précieuse et celle d'une dentelle véritable, 274. — Production restreinte des dentelles véritables, 275. — Découverte de la dentelle à la machine, 275. — Son influence sur la classe ouvrière, 275. — La clientèle sans éducation artistique, 276. — Ignorance de la femme du monde dans le discernement des genres de la dentelle, 276. — Le

DENTELLES ET GUIPURES.

premier métier à dentelle, 276. — L'industrie du tulle uni mécanique, 276. — Les métiers tirés d'Angleterre, importés à Lyon, 276. — Fondation d'une fabrique à Saint-Pierre-lès-Calais en 1817, 276. — Adaptation, au métier, de l'invention de Jacquart en 1837, 276. — Broderies des dessins de guipure avec des fils de coton blanc sur un fond de gaze en laine ou en soie, 277. — Broderies sans fond produisant des effets de points clairs, 277. — Production annuelle des métiers à dentelles, 277. — Faits ayant contribué à établir une confusion dans l'esprit du public, 277, 778. — Pillage des noms de dentelles, les fausses attributions, 278. — Distinction pour les reconnaître, 278. — Confusion créée par les fausses appellations, 278. — Infériorité, à prix égal, de quelques dentelles, 279. — Modèles de dentelles imitées, 275 à 294.

Dentelles véritables et leurs imitations.

Distinctions entre les dentelles véritables et leurs imitations, 295. — Quelle méthode faut-il suivre pour discerner les dentelles, 295. — Effet cherché du dessin des dentelles véritables demandé, tant à la finesse et à la perfection du travail qu'à celui produit par la disposition du dessin, 296. — Répétition des raccords ou motifs dans les dentelles mécaniques, leur rapprochement, 296. — Apprêts durs et cassants des dentelles imitations, 296. — Différence de toucher très sensible dans les imitations de Valenciennes, de Chantilly ou de Blonde, 296. — Toucher onctueux des dentelles véritables, 296. — Régularité absolue donnée par la machine aux dentelles mécaniques, 296. — Tissus épais et serrés formés dans l'intérieur des fleurs, leur manque de transparence et du modelé des fonds obtenus par l'aiguille ou les fuseaux, 297. — Différence entre les picots, 297. — Distinction entre le métrage de la dentelle imitation et celui de la dentelle véritable, 297. — Garantie sur facture obtenue par la mention « Dentelle véritable », 297. — Le clinquant, le vrai et le faux luxe, 300. — Guide et encouragement de la mode par celles qui en sont les initiatrices et les arbitres, 300. — Modèles de dentelles véritables et de dentelles imitation, 295 à 299.

La rénovation de la dentelle.

Intérêt de premier ordre, pour la France, à entretenir la prospérité de la dentelle, 301. — Supériorité de la fabrication française, 301. — Les modèles français et surtout parisiens, 302. — Rôle prépondérant au point de vue du goût joué, jadis, par les élégantes, 302. — Le rôle de l'État compris par le Parlement, 303. — Éducation artistique des dessinateurs, 303. — Théories mises en pratiques par la Chambre syndicale des dentelles et broderies, 303. — Commission composée de fabricants et de négociants, sous la présidence de M. Laurent Pagès, 303. — Cours et conférences pratiques faits aux élèves, 304. — Ouverture de cours semblables étudiés dans les centres dentelliers, 304. — Maintien de la vieille et grande réputation des belles dentelles françaises, 304.

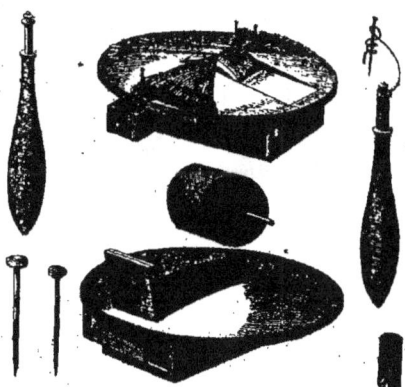

Fig. 3. — Métier à dentelle aux fuseaux employé dans les Flandres. (xviiie siècle.)

Fig. 4. — DENTELLIÈRE. (XVIII⁰ SIÈCLE.)

Fig. 5. — Dessin de Dentelle. (XVIᵉ siècle.)

LA DENTELLE

La dentelle, accessoire ornemental du vêtement, est un tissu à points clairs dont le fond et les fleurs ne sont formés que par le travail de la dentellière. Les instruments employés pour sa fabrication sont l'aiguille ou les fuseaux.

La dentelle se distingue essentiellement de la broderie, car celle-ci a besoin d'un fond pour échafauder et soutenir les fils ; la broderie est une ornementation adhérente à l'étoffe qu'elle met en valeur.

L'art tient une très grande place dans la fabrication de la dentelle ; en effet la matière première, même lorsqu'elle est de la plus belle qualité, représente très peu de chose en comparaison du talent du dessinateur et de la dextérité de l'ouvrière : ce sont ces deux éléments réunis, efforts intelligents du crayon secondés par la main habile qui manie l'aiguille ou les fuseaux, qui rendent la dentelle précieuse par elle même puisqu'elle ne doit pas une partie de sa valeur à l'or, aux diamants, à aucune matière rare enfin que l'on peut estimer en la pesant, comme on le fait pour les bijoux.

Fig. 6. — Dentelle Venise, exécutée à l'aiguille. (xvi° siècle.)

Genres de dentelles.

Les genres de dentelles sont classés selon le procédé de leur fabrication :

1° La dentelle à l'aiguille; — 2° La dentelle aux fuseaux; — 3° La dentelle au crochet.

Sous le nom de dentelle Renaissance, on comprend encore un genre de dentelle fait à l'aiguille mais exécuté avec des petits lacets qui forment les contours du dessin. Ces lacets sont réunis entre eux par des jours, des mailles ou des barrettes. Ce genre ne peut pas être classé dans la broderie car il est difficile de prétendre que ces petits lacets constituent un fond plein et n'est pas non plus une dentelle proprement dite obtenue entièrement par l'aiguille ou les fuseaux. La dentelle Renaissance tendant cependant à copier de plus ou moins loin les dentelles entièrement faites à la main et sa confection exigeant un long travail manuel à l'aiguille, il était utile de la signaler parmi les genres de dentelles.

Fig. 7. — Point Colbert, moderne, exécuté à l'aiguille.

Dentelles a l'aiguille.

La dentelle à l'aiguille s'exécute sur un papier ou un parchemin où est tracé et piqué un dessin très précis indiquant tous les détails voulus par le dessinateur. L'ouvrière jette des fils de bâti sur ce parchemin en suivant les contours du dessin : ce sont ces premiers fils qui servent de support pour rattacher les points entre eux, destinés à constituer la dentelle. Des motifs ou des fleurs sont ainsi formés. On les réunit ensuite soit par des barrettes, soit par des mailles. On appelle mats les points très serrés des ornements par opposition aux jours qui sont les points clairs plus ou moins riches, plus ou moins compliqués qui ornent l'intérieur de ces motifs.

Les reliefs sont des broderies qui viennent estomper et buriner les contours des fleurs.

Ainsi la dentellière fait un morceau grand comme la

main; souvent ce morceau, afin de diviser le travail, passe, avant d'être terminé, entre plusieurs ouvrières qui, successivement, exécutent les unes les mats, les autres les jours, les mailles ou les reliefs, chacune apportant à la tâche commune le travail qu'elle sait mieux faire; ensuite les morceaux, détachés du parchemin, sont réunis à d'autres morceaux par des points de couture qui se perdent le long des tiges et des ornements du dessin.

Toutes les dentelles à l'aiguille sont travaillées en blanc.

Les principales sont :

Le point d'Alençon.   Le point d'Argentan.

Le point de Bruxelles (appelé aussi Point à l'Aiguille ou Point Gaze).

Le point de Burano.   Le point de Rose.
Le point Colbert.   Le point de Sedan.
Le point de France.   Le point de Venise.

Fig. 8. — Carte piquée pour exécuter une dentelle aux fuseaux.

DENTELLES AUX FUSEAUX.

La dentelle aux fuseaux s'exécute sur un petit métier que l'on appelle coussin ou carreau.

Une carte piquée représentant le dessin, et indiquant

les trous où devront être successivement placées les épingles qui serviront à retenir l'entre-croisement des fils, est disposée sur ce coussin. Les fils y sont fixés par une première série d'épingles et sont enroulés à l'autre bout sur des fuseaux. C'est en croisant et en recroisant successivement ces fuseaux, en tressant, en nattant et en nouant ces fils, que l'ouvrière arrive à former les mats et les réseaux qui seront le tissus de la dentelle. Le travail des dentelles aux fuseaux est divisé entre les ouvrières qui font chacune soit des morceaux détachés, soit des bandes; on les réunit ensuite par des coutures pour former de larges volants ou de grandes pièces; ce travail exécuté à l'aiguille est appelé point de raccroc.

Les dentelles aux fuseaux se font en blanc, en noir et même en couleur et sont exécutées en fil, en coton, en lin, ou en soie; on peut travailler aussi des cordons d'or ou d'argent, du crin, de la paille, de la chenille et même des cheveux.

Les principales dentelles aux fuseaux sont :

La dentelle Application d'Angleterre.
Le point d'Angleterre.
La dentelle Arabe.
La dentelle de Bayeux ou de Caen.
La dentelle de Binches.
La dentelle de Blonde.
La dentelle de Bruges.
La dentelle de Chantilly.
La dentelle de Cluny.
La dentelle de Craponne.
La dentelle Duchesse.
La dentelle des Flandres.
Le point de Gênes.
La dentelle de Grammont.
La dentelle de Lille.
La dentelle Malines.
Le point de Milan.
La dentelle de Mirecourt.
Le point de Paris.
La dentelle du Puy.
La dentelle Trianon.
La dentelle Valenciennes.
La dentelle Valenciennes-Brabant.

On appelle guipures toutes les dentelles dont le fond est formé de barrettes et non de mailles. Beaucoup des

DIFFÉRENTS GENRES DE DENTELLES.

dentelles qui viennent d'être énoncées prennent donc également dans ce cas le nom de guipures comme par exemple : guipure de Cluny, guipure de Bruges, etc.

FIG. 9. — Dentelles d'Irlande exécutées au crochet.

DENTELLES AU CROCHET.

La dentelle au crochet ne se travaille ni sur un parchemin, ni sur une carte; elle se fait en l'air sur le doigt comme le tricot.

Le fil se boucle à l'aide du crochet, se croise, se noue et forme, par tous ces enlacements successifs, le tissu de la dentelle. La dentelle au crochet s'appelle point d'Irlande.

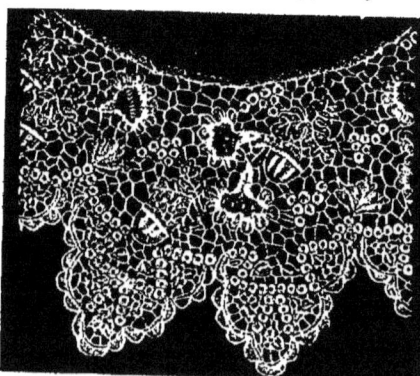

FIG. 10. — Point d'Irlande.

Fig. 11. — Point de Venise, travail à l'aiguille. (XVIᵉ siècle.)

ORIGINE DE LA DENTELLE.

C'est seulement au xvᵉ siècle que l'on commence à voir, sur les portraits et les costumes, les traces des premières dentelles : jusqu'à présent on n'en a pas découvert avant cette date, mais, dès le commencement de la Renaissance, la dentelle devient une industrie importante et productive.

Venise paraît être la première ville où la fabrication de la dentelle ait été organisée. Il est vraisemblable que l'art de la dentelle à l'aiguille a succédé aux travaux de broderies à points coupés qui se faisaient dans la toile, dès l'antiquité.

L'origine des dentelles aux fuseaux est confuse. Quelle femme a eu, la première, l'idée de natter des fils à l'aide des fuseaux? Habitait-elle les Flandres ou les bords de l'Adriatique? Aucun document ne permet de porter un jugement sur ce point depuis longtemps discuté.

24   ORIGINE DE LA DENTELLE.

Ce qui est confirmé par des documents, ou des gravures d'un caractère indiscutable, c'est que les premières dentelles aux fuseaux sont contemporaines des premières dentelles à l'aiguille : les deux genres se développent et s'emploient concurremment selon les exigences du costume.

Nous allons suivre l'évolution de la mode aux différentes époques et voir comment la dentelle a été successivement employée.

Fig. 12. — Dentelle de Venise exécutée à l'aiguille et destinée à garnir des collerettes. (xvi⁰ siècle.)

(Les personnages de cette dentelle sont en sens inverse de la bordure afin d'être vus droits quand ils étaient placés dans le haut des cols montants.)

Fig. 13. — Point de Venise exécuté à l'aiguille. (xvie-xviie siècle).

LE LUXE DES DENTELLES AUX XVIe, XVIIe, XVIIIe ET XIXe SIÈCLES.

La dentelle commence à prendre une large place dans les costumes de la cour, sous Henri III. On inaugure alors les grandes collerettes à gaudrons ou fraises, ornées en bordure de très fines guipures ou *passements*, selon l'expression du temps.

Les hommes, aussi bien que les femmes, en font usage. Henri III était tout particulièrement coquet de ses collerettes, et la légende raconte qu'il ne dédaignait pas se servir lui-même du fer, pour réparer le désordre qu'elles avaient subi au porter. Les passements italiens et les guipures du Puy exécutés aux fuseaux, avec leurs picots ajourés, leurs dessins géométriques réguliers, bordaient délicieusement ces collerettes et gardaient, malgré l'apprêt raide nécessaire pour les maintenir, toute leur légèreté et leur transparence.

Vers la fin du règne de Henri IV, les collerettes gaufrées disparurent et la mode vint aux grands cols plats en batiste ou linon et dentelle, qui, montés sur une armature de fil de laiton, se dressaient sur les épaules et s'étalaient en éventail autour de la tête qu'ils encadraient.

Mais ce n'est qu'après le règne de Henri IV, que la mode des dentelles prend vraiment une extension considérable : on commence à en orner, non seulement toutes les parties possibles du vêtement, mais aussi toutes les lingeries, les meubles, les tapis de table, les garnitures de rideaux, d'oreillers, de draps de lit, et même les revers des bottes.

Sous l'influence protectrice de son royal parrain Louis XIV et l'intelligente direction du grand ministre Colbert, encouragés et secondés par l'entourage de tous les artistes et des grands seigneurs de cette époque glorieuse, les dentelles françaises luttent avec succès contre les dentelles étrangères et prennent un essor incomparable et merveilleux ; on voit inventer, tour à tour, les jabots, les manchettes, les canons, les bas de chausses, pour lesquels l'emploi des dentelles légères convient admirablement.

Voilà l'apparition charmante des points d'Argentan et des points d'Alençon qui se prêtent si bien aux modes de la fin du xviie siècle.

Les femmes se montrent dans leur intérieur avec des toilettes de déshabillé de la plus grande élégance, littéralement ensevelies sous des flots de dentelles : pas un morceau de toile ou de batiste, destiné à leur usage ou à servir de garniture aux meubles de leur boudoir ou de leur chambre, qui n'en soit orné. Étagées, en larges plis, les dentelles servent même à édifier les hautes coiffures, qui font fureur.

Il suffit de parcourir le curieux recueil des costumes de

Louis XIV par Bonnard, à la Bibliothèque nationale (cabinet des Estampes), pour voir quelle place la dentelle tenait, à cette époque, dans tous les costumes. Ici, c'est une grande dame, la princesse de Soubise, en habit de ville, dont la coiffure, en fine Valenciennes, s'élève dans les airs comme un majestueux escalier; le corsage décolleté, avec bordure en point d'Angleterre plissé, s'allonge en pointe, tandis que le manteau de brocart, orné de riches passementeries, laisse voir par devant une jupe en point de France à l'aiguille; les épaules sont couvertes d'un mantelet à la vieille à double volant d'Angleterre.

Là, c'est l'intérieur d'un cabinet de toilette, meublé avec une somptueuse élégance; sur la tablette d'un lavabo, que recouvre une nappe ornée de volants en dentelle à l'aiguille, s'entr'ouvrent coquettement des rideaux de guipure, devant une glace originaire de Venise.

Ailleurs, c'est une dame de qualité en toilette de bain, revêtue d'un peignoir tout garni de Valenciennes, debout près d'une baignoire, dont le fond de bain est luxueusement bordé d'un volant de point d'Alençon, retombant tout autour.

A cette époque, ce n'était pas seulement pour le monde que l'on faisait de merveilleuses dentelles : c'était aussi pour l'Église, afin d'orner les rochets des évêques ou les riches mobiliers des chapelles particulières et des églises paroissiales. Décorer la maison de Dieu était considéré comme une œuvre des plus méritoires, et ce sentiment faisait affluer dans les fabriques des églises toutes sortes de richesses. Que sont-elles devenues aujourd'hui? Sans respect pour les donateurs, on a cessé, dans beaucoup d'églises, de faire attention à ces précieuses curiosités; on les a trop souvent livrées, à vil prix, à des brocanteurs;

ceux-ci ont largement profité de la passion du bibelot, qui semble vouloir tout dominer aujourd'hui, pour les vendre à des collectionneurs. Puissent ces collectionneurs se souvenir de temps à autre que changer l'usage, la destination ou même l'emplacement pour lequel une chose a été faite, est trop souvent un contre-sens artistique !

Ce qui a le plus contribué à l'art et à l'encouragement de la dentelle sous Louis XV et sous Louis XVI, c'est l'orgueil que mettaient les femmes de cette époque à posséder les plus belles parures, en les payant le plus cher possible, comme on le fait encore aujourd'hui pour d'autres frivolités, plus en faveur, comme les fourrures, les diamants ou les perles. Ainsi dans l'histoire, la Mode va, passe puis revient souvent incompréhensible dans ses fluctuations, apportant, par la coquetterie et l'élégance de la femme, à telle ou telle industrie plus favorisée par elle, l'irrésistible levier, si on peut s'exprimer ainsi, qui décide de son sort et de sa prospérité.

Sous Louis XV, les rubans, les miroirs et les dentelles sont trois choses sans lesquelles une Française ne peut vivre. En 1782, Mercier, dans son *Tableau de Paris*, déclare qu'une Parisienne qui n'a pas dix mille livres de rentes se passe souvent de draps et de serviettes, mais qu'il lui faut des bas de soie et, avant tout, des dentelles.

Les manchettes, démesurément grandes, sont devenues l'objet capital de la toilette des hommes et des femmes. On raconte (mais que ne raconte pas la légende, souvent exagérée et maligne), que ces fameuses manchettes furent introduites dans la Mode par de jeunes seigneurs fripons qui, voulant filouter au jeu, escamotaient les cartes dans leurs vastes plis. Les manchettes de jour sont en point d'Alençon, les manchettes de nuit en Valenciennes. Les valets poudrés eux-même, en portaient et renonçaient paraît-il à manger des plats à la sauce de peur de salir leurs manchettes.

Leur prix, et par suite leur finesse et leur beauté, est souvent considérable, comme nous pouvons le constater dans les notes de garde-robe du duc de Penthièvre, en 1738, où nous relevons ces détails :

4 aunes de Point pour collet et manchettes de la chemise de nuit . . . . 520 livres.

3 aunes 3/4 dito pour jabot de nuit. . . . . 247 l. 10 s.

L'occasion, par excellence, pour les femmes de déployer le luxe de leurs dentelles, était le moment où la jeune mère recevait des visites à ses relevailles. C'était de bon ton et naturel, vu la circonstance de causer peu, mais les visiteuses pouvaient s'extasier à leur aise sur la beauté des dentelles portées par la jeune accouchée ; à la sortie de la ruelle, par exemple, son luxe donnait lieu, bien entendu, à de longues critiques et à d'interminables papotages. On vantait alors la garniture du lit en dentelle, qui était d'un usage général. Les *Mémoires* du duc de Luynes (1738) nous apprennent que le couvre-pieds en point d'Angleterre de la duchesse, son épouse, coûte environ 30 000 écus.

Mme de Créquy, dans ses *Souvenirs*, mentionne qu'elle a rendu visite à la duchesse douairière de La Ferté, qui l'a reçue dans son lit de parade, dont la garniture des draps en point d'Argentan valait au moins 40 000 écus.

En 1759, Madame, fille aînée de Louis XV, épouse l'infant d'Espagne et dépense 625 000 francs pour son trousseau garni de dentelles.

Un document, anglais cette fois, constate que le trousseau de Mlle de Matignon a coûté 100 000 écus. L'écrivain Swinburne qui nous donne ce détail dans son livre *Les*

Cours de l'Europe, ajoute en commentaire « que la dépense que l'on fait en France pour nipper une mariée ferait une jolie dot en Angleterre, et que c'est chose fort commune d'acheter pour 5000 livres de dentelles pour sa corbeille ».

A voir le soin et le luxe de détails avec lequel ces différents historiens mentionnent ces documents et énumèrent les factures des dentelles, on se rend compte que la situation d'une femme était estimée au luxe déployé dans les garnitures de son linge et de ses robes.

Sous Louis XV, chaque dentelle a une saison déterminée : les points d'Argentan et d'Alençon sont déclarés par la mode *dentelles d'hiver*, les points d'Angleterre *dentelles d'été*.

Quelques extraits des comptes de Mme du Barry nous donnent une nouvelle idée des dépenses faites pour la dentelle au milieu du XVIIIe siècle.

Une toilette d'Angleterre complète. . . . 8825 francs.

Une parure, composée de deux barbes, et 6 rangs de manchettes le tout en Angleterre superfin. . . . . 8000 fr.

Une garniture de peignoir. . . . . 2432 fr.

Comment s'étonner après cela qu'une industrie aussi bien patronnée et encouragée par des femmes d'un goût raffiné, sachant à première vue mettre le prix sur les merveilles qu'elles étalaient, ait produit des spécimens et des modèles exquis comme ceux que possèdent les grands collectionneurs et dont on a pu admirer plusieurs belles pièces dans la section rétrospective lors de l'exposition universelle à Paris en 1900.

Avec les derniers jours de la monarchie, l'industrie si florissante des dentelles touche à son déclin. La Révolution comme toutes les grandes commotions sociales, fut fatale à son commerce, surtout basé sur le luxe. D'ailleurs à partir de cette époque, la femme cesse d'être la grande dame, femme d'élite par sa naissance, son goût, son éducation et son influence; elle n'est plus reine, elle ne domine plus, elle ne dirige plus, elle n'inspire plus; elle a, en quelque sorte, laissé échapper son sceptre. Sa coquetterie, qui était un gracieux tyran, imposant à tous les lois de l'étiquette et du costume, cette coquetterie intelligente, chercheuse et créatrice qui inspirait les artistes subjugués par ses caprices s'incline et se soumet. La femme ne s'habillera plus, ne se coiffera plus elle-même selon l'initiative de son goût et de ses idées, on l'habillera, on la coiffera. Voilà, en effet, qu'apparaissent sur la scène de la Mode, le coiffeur, la modiste, la couturière et le couturier, pour y prendre, chaque jour, une place de plus en plus prépondérante. Leurs noms deviennent célèbres et la trompette de la renommée nous les transmet.

C'est le coiffeur Léonard qui, à la fin du règne de Louis XVI coiffait la gracieuse reine Marie-Antoinette et

Portait jusqu'au ciel l'audace des coiffures,

comme nous le raconte en vers le chevalier de Boufflers. Ce célèbre coiffeur garnissait les cheveux de toute espèce de choses : de fleurs, de plumes, mais fort peu de dentelles. Léonard n'aimait pas la dentelle, ne la conseillait pas à ses clientes, et, quand un Léonard n'aime pas la dentelle, les ouvrières dentellières, quelque habiles qu'elles soient, doivent attendre de meilleurs jours avec la protection d'un autre coiffeur.

Mlle Bertin, la modiste en vogue de la même époque, supportait encore les tulles, mais il fallait qu'ils soient garnis de petits semés, de pois ou de mouches imperceptibles

A cela seul, Mlle Bertin réduit l'art du dessinateur en dentelles : elle les emploie comme de véritables chiffons, souvent très vaporeux et très seyants, mais sans aucun caractère.

Obéissant naturellement à cette impulsion, dès cette époque la dentelle s'industrialise peu à peu, les belles pièces se font rares et le commerce lui fait lourdement sentir son empire tyrannique du plus gros profit : les lanceurs de la mode préconisent naturellement l'article d'une vente plus facile et d'un meilleur bénéfice à l'article d'art et de goût, et l'acheteuse indolente et sans initiative l'accepte sans murmure : le nivellement des dentelles suit le nivellement des classes de la société.

Pendant douze ans d'ailleurs, les manufactures dentellières, subissant le contre-coup terrible de la Révolution, restèrent fermées et beaucoup de centres de fabrication ne se relevèrent pas. Sedan, Charleville, Mézières, Dieppe, le Havre cessèrent de produire ; Valenciennes essaya de lutter mais n'y put parvenir, vaincue par la concurrence de la Belgique.

Cependant, avec le Directoire, le goût des dentelles commence à reparaître : on refait de jolies garnitures ; mais la lutte entre la France, la Belgique et l'Italie devient de plus en plus ardente, à mesure que l'on met moins de prix aux dentelles : les salaires en France sont, en effet, plus élevés et les dentelles n'y survivent que grâce à la supériorité incontestable de leur fabrication, au caractère artistique de leurs dessins et à l'habileté invincible des ouvrières françaises.

La duchesse d'Abrantès, alors Mme Junot, qui se maria en 1800, nous donne dans ses *Mémoires* de précieux renseignements en nous décrivant son trousseau : ses mouchoirs ses jupons, ses canezous du matin, sont garnis de Valenciennes, de Malines ou de point d'Angleterre. Dans sa corbeille, il y avait des garnitures de robe en Point à l'Aiguille ou en Points de Bruxelles et des robes entières en Blonde de soie blanche ou en dentelles noires françaises. « Pour aller à la mairie, j'avais, continue-t-elle, une robe en mousseline de l'Inde, brodée au plumetis : cette robe était à queue, montante, et avec de longues manches qu'on appelait alors *amadis*; la fraise était en magnifique Point à l'Aiguille; sur ma tête, j'avais un bonnet en Point de Bruxelles. Au sommet du bonnet, était attachée une petite couronne de fleurs d'oranger, d'où partait un long voile en Point d'Angleterre, qui tombait à mes pieds et dont je pouvais presque m'envelopper. »

Avec le premier Consul, et plus tard l'Empereur, le luxe et l'élégance des dentelles se ressentent de la précieuse réaction qui mit la France à la tête de toutes les nations.

Mme Récamier, dont l'élite de Paris remplissait les salons reprenant les anciens usages du petit lever, recevait ses hôtes, couchée sur un lit doré, sous des rideaux du plus beau Point de Bruxelles dont le dessin était composé de guirlandes de chèvrefeuille, et enveloppée dans un peignoir, garni du plus ravissant Point d'Angleterre.

La protection des industries de luxe françaises a été de tout temps un devoir qui a semblé agréable à remplir par ceux qui ont successivement gouverné la France. Ils y étaient d'ailleurs aidés et encouragés par tous les Français, et les femmes d'un rang élevé ont toujours apporté plus particulièrement à la dentelle l'appui de leur goût et de leur élégance. C'est que la valeur d'une dentelle est surtout représentée par le travail de l'ouvrière : la matière première entre pour fort peu de chose dans le prix de revient. Payer cher une dentelle, c'est donc rémunérer beaucoup de journées de travail de femmes souvent pauvres, et c'est là une jouissance que des femmes riches ajoutent à celle d'être admirablement parées. Tel est peut-être le secret qui a fait que la dentelle a toujours trouvé tant d'appuis, tel est sans doute celui qui ramène la mode en ce moment vers elle.

Napoléon, qui a essayé de conquérir le monde, avait si bien compris que la grandeur et le prestige de la France ne résidaient pas seulement dans la force des armées, qu'il faut d'ailleurs nourrir et entretenir, mais aussi dans la force industrielle et artistique, qui travaille à grossir la fortune publique, s'est efforcé, dès le début de son règne, de donner, par le luxe, à sa cour tout le caractère de celle des grands rois : les costumes d'apparat avec leurs superbes broderies d'or, les manteaux de cour, les brillants uniformes des jeunes généraux, donnent aux fêtes un éclat extraordinaire. Comme au temps de Louis XIV, les dentelles deviennent obligatoires dans les costumes de cour et, sur l'ordre formel de l'Empereur, les fabriques d'Alençon et de Chantilly sont tout particulièrement protégées et encouragées.

Napoléon, d'ailleurs, ne cesse de prouver autour de lui qu'il aime beaucoup la dentelle, qu'il l'admire au point de vue de l'art et qu'il est fier du goût et du talent des fabricants français. Mlle Avrillion rapporte, dans ses *Mémoires*, l'anecdote suivante : la princesse Pauline avait fait à Mme Lescœur, marchande de dentelles de l'impératrice Joséphine, une commande de diverses dentelles s'élevant à 30 000 francs. Quand on apporta ces dentelles à la princesse, elle ne s'en souciait plus et refusa de les prendre. Mme Lescœur, absolument désespérée, en appela à l'impératrice Joséphine; celle-ci se les fit apporter, trouva les Points superbes et crut devoir parler de cette petite affaire à l'Empereur. Napoléon voulut aussitôt voir les dentelles, les examina minutieusement et, après les avoir longtemps admirées, s'écria : « Comme on travaille bien en France! je dois encourager un pareil commerce. Pauline a grand tort de refuser de tels chefs-d'œuvre. Je les achète. » Il fit venir aussitôt Mme Lesœur, paya la note et distribua tout le lot des dentelles aux dames de la cour.

Plus tard, au moment où Napoléon va épouser Marie-Louise, il se plaît à montrer la supériorité des industries artistiques de la France. Il comble de cadeaux tous les princes étrangers, et plus particulièrement, toute la cour d'Autriche, qui devait bientôt après l'abandonner et le trahir. Il veut lui-même composer la corbeille de noces de la fiancée, dont le rang illustre va lui permettre enfin de traiter de parents et de cousins tous les rois de l'Europe. Frédéric Masson, dans son livre si curieux *Napoléon et les Femmes*, nous raconte que l'empereur achète à cette occasion, pour Marie-Louise, 84 199 francs de dentelles diverses, parmi lesquelles se trouvent un châle d'Alençon de 3200 francs, une robe de 4500 francs et une autre à traîne de 800 francs.

En véritable impératrice, Marie-Louise dépense, d'ailleurs, annuellement 360 000 francs par an pour sa toilette et s'efforce, pendant les premières années de son mariage, de collaborer ainsi à la grandeur de la France et à la gloire de son illustre époux.

De 1813 à 1817 les manufactures de dentelles se ressentent cruellement des événements politiques; la crise est encore augmentée par l'invention du tulle à la mécanique, que l'on commence à fabriquer en France.

Heureusement, les États-Unis de l'Amérique du Nord ouvrirent, bientôt, une nouvelle voie à l'exportation des dentelles, et les femmes américaines sauvèrent, par leur goût raffiné et le culte qu'elles vouèrent aux belles dentelles, une industrie pour laquelle bien des Françaises elles-mêmes semblaient être devenues presque indifférentes.

A partir de 1830, une nouvelle période de prospérité, qui durera jusqu'à la fin du second Empire, favorise la dentelle. Nous assistons alors au triomphe des dentelles aux fuseaux, des Chantilly et des blondes employées en grands morceaux.

Pour l'exportation et surtout pour l'Amérique du Sud, où la mode espagnole s'est répandue, on fabrique une quantité énorme de mantilles et écharpes.

Beaucoup sont exécutées en blonde de soie, dentelle très soyeuse, très seyante aux cheveux et à la figure, formée de larges motifs fleuris qui se détachent vigoureusement sur la transparence du réseau. « La fabrication de cette dentelle demande beaucoup de soins, dit M. Félix Aubry, l'éminent rapporteur de l'exposition de Londres, en 1851 ; il faut, tout en perfectionnant la fabrication, abandonner parfois le goût français pour établir des dessins aux modes de chaque pays ; depuis vingt ans, nos fabricants excellent à rendre avec fidélité les indications données par les exportateurs et attirent en France les demandes du monde entier. »

Les dentelles légères de Chantilly, de Caen et de Bayeux ne sont pas moins favorisées ; on les emploie beaucoup en volants mais on fait surtout des châles énormes et ces fameuses pointes qui, à l'instar des cachemirs, enveloppent tout le costume et drapent à la fois le buste, la taille et les bras.

Les fabriques à l'aiguille ne sont pas moins prospères. On travaille beaucoup à Alençon et aussi en Belgique, et l'on exécute non seulement des VOLANTS mais aussi de très grandes pièces analogues à celles aux fuseaux.

D'ailleurs, tout le second Empire fut certainement très favorable à la mode des dentelles. L'impératrice Eugénie s'était faite la grande protectrice de cette charmante industrie. A son instigation et sur ses commandes, on a fabriqué pour elle des pièces remarquables qui figurèrent aux expositions universelles. Au moment de la naissance du Prince Impérial on a exécuté, à Alençon, une robe de baptême qui est classée parmi les plus belles pièces faites au milieu du XIXe siècle.

La guerre de 1870 fut, naturellement, très funeste à la dentelle. Toutefois, lorsque la paix fut assurée, on reprit la fabrication et de 1871 jusqu'à nos jours, on a créé encore quelques magnifiques dentelles.

L'usage charmant d'offrir des dentelles dans les corbeilles de mariage s'est conservé et la mode des voiles de mariée, le luxe des rideaux d'ameublement ont permis d'exécuter encore de nos jours de grandes et fort belles pièces.

Mais la concurrence de la machine qui se perfectionne constamment menace de ruiner cette industrie. Beaucoup de dames ont abandonné le goût des belles dentelles, et se contentent de garnitures en imitation sans valeur et qui ne visent, par leur profusion, qu'à un effet factice.

Une crise grave serait à redouter si l'on n'y apportait promptement remède, car les fabricants et beaucoup d'ouvrières se découragent en se voyant abandonnés.

Nous allons suivre les efforts faits, actuellement, dans le but de conjurer la crise de la dentelle.

GENTILHOMME FRANÇAIS.
D'après Abraham Bosse.

FIG. 14. — COL ET CANONS EN PASSEMENT.

LE
LUXE DES DENTELLES

PORTRAITS HISTORIQUES

XVIᵉ AU XIXᵉ SIÈCLE

FIG. 15. — OUVRIÈRE DENTELLIÈRE. — XVIIᵉ SIÈCLE.

FIG. 16. — COL A GAUDRONS GARNI DE PASSEMENT.
(On désigne par *passement* les premières guipures aux fuseaux.)

CLAUDIA D'ÉTRURIE.

Fig. 17. — COLLERETTE A FRAISES EN POINT DE VENISE.

XVIe SIÈCLE. LE LUXE DES DENTELLES. 45

PIERRE D'ÉTRURIE.

FIG. 18. — COL A GAUDRONS EN POINT DE VENISE.

44　　　　　LE LUXE DES DENTELLES.　　　XVIᵉ SIÈCLE.

ÉLISABETH D'AUTRICHE, FEMME DE CHARLES IX.

Fig. 49. — COL GARNI DE PASSEMENT.

ÉLISABETH, REINE D'ANGLETERRE.

Fig. 20. — COLLERETTE GAUFRÉE GARNIE EN POINT DE VENISE.

46   LE LUXE DES DENTELLES.   XVIe SIÈCLE.

MARGUERITE DE NAVARRE, PREMIÈRE FEMME DE HENRI IV

Fig. 21. — COL GARNI DE PASSEMENT.

MARIE DE MÉDICIS, SECONDE FEMME DE HENRI IV.

Fig. 22. — COL EN PASSEMENT.

LOUISE-MARGUERITE DE LORRAINE, PRINCESSE DE CONTI.

FIG. 23. — COL EN PASSEMENT.

XVIᵉ SIÈCLE.   LE LUXE DES DENTELLES.   49

CHARLOTTE DE MONTMORENCI, PRINCESSE DE CONDÉ.
FIG. 24. — COL GARNI DE PASSEMENT.

50 LE LUXE DES DENTELLES. XVIIe SIÈCLE.

FRÉDÉRIC, ROI DE BOHÊME.

FIG. 25. — COLLERETTE GARNIE DE POINT DE VENISE.

ELISABETH, REINE DE BOHÊME.

FIG. 26. — COL GARNI DE GUIPURE DE VENISE.

52 LE LUXE DES DENTELLES. XVIIe SIÈCLE.

GUSTAVE ADOLPHE, ROI DE SUÈDE.

Fig. 27. — COL PLAT GARNI DE POINT DE VENISE.

AMÉLIE DE SOLMS, PRINCESSE DE NASSAU.

FIG. 28. — COL GARNI DE GUIPURE DE VENISE.

GEORGES VILLARS, DUC DE BUCKINGHAM.

FIG. 29. — COL EN POINT DE VENISE.

Fig. 50. — COLLERETTE GARNIE DE POINT DE VENISE.

DUCHESSE DE RETZ.
FIG. 31. — COLLERETTE GAUFRÉE GARNIE DE PASSEMENT.

Fig. 32. — COL ET MANCHETTES GARNIS DE GUIPURE DE VENISE.

MARIE DE MÉDICIS.

Fig. 35. — COL EN BRODERIE A POINTS COUPÉS, GARNI DE POINT DE VENISE.

ANNE D'AUTRICHE.

FIG. 54. — COL GARNI DE POINT DE VENISE.

MARIA LUISSA DE TASSIS.

FIG. 55. — COL ET MANCHETTES EN BATISTE GARNIS DE POINT DE VENISE.

XVIIᵉ SIÈCLE.   LE LUXE DES DENTELLES.   61

Serenissima Victoria a Robere Ferdinandi 2.ᵈⁱ Magⁿⁱ Ducis Etruriæ uxor

Fig. 36. — COL PLAT GARNI DE DENTELLE DE VENISE.

MICHEL DE VIALIARD, AMBASSADEUR DE FRANCE.

Fig. 37. — COL PLAT GARNI DE POINT DE VENISE.

XVIIᵉ SIÈCLE.   LE LUXE DES DENTELLES.

CLAUDE DE MOY, COMTESSE DE CHATIGNY.

FIG. 58. — COL GARNI DE POINT DE VENISE.

64　　　　LE LUXE DES DENTELLES.　　　　XVIIᵉ SIÈCLE.

Fig. 59. — COL PLAT GARNI DE POINT DE VENISE.

Fig. 40. — COL PLAT A DENTS GARNI DE POINT DE VENISE.

66   LE LUXE DES DENTELLES.   XVIIᵉ SIÈCLE.

Fig. 41. — COL GARNI DE POINT COLBERT.

XVIIᵉ SIÈCLE.   LE LUXE DES DENTELLES.   67

Fig. 42. — COL PLAT ET MANCHETTES GARNIS DE PASSEMENT.

68 LE LUXE DES DENTELLES. XVIIᵉ SIÈCLE.

JEAN BAPTISTE COLBERT.
Fig. 43. — COL RABAT EN POINT COLBERT.

XVIIᵉ SIÈCLE. LE LUXE DES DENTELLES 99

RUBENS ET ISABELLE BRANDT.

Fig. 44. — COLS ET MANCHES GARNIS DE POINT DE VENISE.

70 LE LUXE DES DENTELLES. XVIIe SIÈCLE.

Fig. 45. — COL A GAUDRONS.

XVIIe SIÈCLE.   LE LUXE DES DENTELLES   71

Fig. 46. — COL EN POINT DE VENISE.

Fig. 47. — RABAT EN POINT COLBERT.

XVIIᵉ SIÈCLE. LE LUXE DES DENTELLES.

Fig. 48. — COL RABAT GARNI DE POINT COLBERT.

74 LE LUXE DES DENTELLES. XVIIᵉ SIÈCLE.

Fig. 49. — COL EN POINT COLBERT.

XVIIᵉ SIÈCLE. LE LUXE DES DENTELLES. 75

Fig. 50. — COL PLAT GARNI DE POINT COLBERT.

76 LE LUXE DES DENTELLES. XVIIᵉ SIÈCLE.

JULE HONDONIN MANSART.

Fig. 51. — RABAT ET MANCHETTES EN POINT DE FRANCE.

XVIIᵉ SIÈCLE. LE LUXE DES DENTELLES.

LOUVOIS (MICHEL LE TELLIER).

Fig. 52. — COL RABAT EN POINT COLBERT.

78 LE LUXE DES DENTELLES. XVIIᵉ SIÈCLE.

Fig. 53. — RABAT EN POINT DE FRANCE.

XVIIᵉ SIÈCLE.   LE LUXE DES DENTELLES.   79

LOUIS, DUC DE BOURGOGNE.

Fig. 54. — CRAVATE EN POINT DE FRANCE.

80 LE LUXE DES DENTELLES. XVIIIᵉ SIÈCLE.

FRANÇOIS BOUCHER

Fig. 55. — JABOT ET MANCHETTES EN POINT D'ALENÇON.

XVIIIᵉ SIÈCLE.   LE LUXE DES DENTELLES.   81

ABEL-FRANÇOIS POISSON, MARQUIS DE MARIGNY.

FIG. 56. — JABOT ET MANCHETTES EN POINT D'ALENÇON.

82 LE LUXE DES DENTELLES. XVIIIe SIÈCLE.

MARQUISE DU CHATELET

FIG. 57. — CORSAGE GARNI DE POINT D'ALENÇON.

Fig. 58. — COL ET BONNET EN POINT D'ALENÇON.

84　　　　LE LUXE DES DENTELLES.　　　XVIIIᵉ SIÈCLE.

LOUIS XVI.

FIG. 59. — RABAT EN POINT D'ALENÇON.

XVIIIᵉ SIÈCLE.   LE LUXE DES DENTELLES.   85

Fig. 60. — GARNITURE DE CORSAGE EN APPLICATION D'ANGLETERRE.

SACRE DE LOUIS XVI. — CAPITAINE DES CENT-SUISSES DE LA GARDE DU ROI.

FIG. 61. — COSTUME GARNI DE DENTELLES.

SACRE DE LOUIS XVI — GRAND-MAITRE DE CÉRÉMONIES.
FIG. 62. — COSTUME GARNI DE DENTELLES.

COSTUME DE MAITRE DES CÉRÉMONIES. SACRE DE NAPOLÉON Ier. COSTUME D'ÉVÊQUE.
FIG. 63. — JABOT EN POINT D'ALENÇON.   FIG. 64. — ROCHET GARNI DE DENTELLE EN POINT DE FRANCE.

LE LUXE DES DENTELLES. XIXᵉ SIÈCLE.

COSTUME DU SACRE DE CHARLES X

FIG. 65. — JABOT EN POINT D'ALENÇON.

XIXᵉ SIÈCLE. LE LUXE DES DENTELLES. 91

COSTUME DU SACRE DE CHARLES X.
Fig. 66. — JABOT EN POINT D'ALENÇON.

Fig. 67. — MÉTIER A DENTELLE. — (XVIIe SIÈCLE.)

Fig. 68. — Point Colbert. — Exécuté à Bayeux par Lefébure.

DES EFFORTS FAITS EN FRANCE POUR ENCOURAGER
L'INDUSTRIE DE LA DENTELLE AU COMMENCEMENT DU XXe SIÈCLE.

La dentelle est une des industries qui procure, à domicile, des occupations lucratives à de nombreuses ouvrières répandues dans les campagnes de Normandie, d'Auvergne et de Lorraine; cette industrie emploie même les mains les plus débiles, utilise tous les moments perdus et s'allie aussi bien aux travaux des champs qu'aux soins du ménage. Loin d'enlever des bras à l'agriculture, elle permet aux ouvrières de quitter leurs métiers pour travailler aux champs au moment voulu : ainsi les femmes restent au village et retiennent les hommes qui, trouvant la facilité de fonder une famille, cessent d'émigrer.

La dentelle est favorable à la santé, car elle n'entasse pas les femmes et les jeunes filles dans de grands ateliers ou dans des fabriques insalubres. L'hiver, l'ouvrière travaille dans la chaumière, mais dès que viennent les beaux jours, elle peut s'installer à la porte de son habitation et travailler au milieu des champs.

Cette industrie est essentiellement morale : la mère de famille y consacre le temps qui n'est pas réclamé par les soins du ménage. Plus la famille est nombreuse, plus elle y trouve d'éléments de bien-être. La mère peut diriger le travail de ses filles qui se trouvent ainsi éloignées de tout contact pernicieux. Dès l'âge de 13 ans, les jeunes filles commencent à gagner et peuvent amasser des économies avant leur mariage.

C'est à ces considérations et en présence de la crise funeste que la concurrence de la fabrication mécanique fait à la dentelle manuelle, que le Parlement français a obéi en votant, en 1903, un projet de loi destiné à aider au relèvement de cette industrie et à en sauver l'apprentissage, avec l'espoir qu'elle sortira victorieuse de la lutte qu'elle soutient et pourra profiter d'un nouvel engouement de la mode.

Cette initiative est due surtout aux remarquables travaux de MM. Engerand et Flandin, députés du Calvados, et de M. Charles Dupuy, sénateur, et Vigouroux, député de la Haute-Loire. Dès le mois d'août 1900, M. Flandin présentait à la session du Conseil général du Calvados un rapport qui a été le premier cri de détresse et la première initiative officielle qui a abouti à faire voter la loi de 1903. Voici en quels termes s'exprimait M. Flandin :

« La dentelle aux fuseaux fut pendant longtemps l'industrie la plus florissante, la plus populaire et peut-être la plus bienfaisante de notre département.

« Vers 1860, on comptait plus de 50 000 dentellières dans le seul Calvados; le salaire moyen était de 1 fr. 50 à 2 francs pour une journée de huit à dix heures, et permettait à la femme, sans quitter son ménage, d'apporter l'appoint le plus sérieux au budget domestique. Cinquante maisons environ faisaient sur place le commerce de la dentelle et en assuraient la fabrication; le chiffre des affaires était considérable, et il résulte d'une estimation, dont les données n'ont point été contestées, que cette seule industrie faisait entrer chaque année une dizaine de millions dans le Calvados.

« C'étaient l'aisance et la prospérité pour nos campagnes; toutes les femmes étaient dentellières; la mère enseignait la dentelle à sa fille, et l'école portait à sa perfection cette instruction familiale. Les fillettes y apprenaient ce métier comme elles apprenaient à lire et à écrire, et c'est à cet enseignement très soigné que nous devons ces ouvrières si habiles, par qui s'est maintenue la supériorité de la marque normande.

« Des causes d'ordre divers, qu'il serait trop long d'expliquer, mais dont il nous suffira de signaler l'une des principales, la concurrence des machines, ont infligé à cette industrie la crise la plus grave. Actuellement, on compte à peine un millier de dentellières régulièrement occupées; le chômage a contraint la plupart des femmes à abandonner leur métier; trois ou quatre maisons seules ont pu tenir bon, et l'apprentissage est presque complètement tombé; autrefois, en effet, les fabricants, pour s'assurer et former de bonnes ouvrières, prenaient, malgré le désavantage d'un tel article, les petites dentelles faites par les enfants, tandis qu'aujourd'hui, tout le poids de cette charge, réparti naguère entre une cinquantaine de maisons, est venu à porter uniquement sur les seuls commerçants qui aient pu résister à la mauvaise fortune, et les difficultés des affaires ne leur ont pas permis d'assumer une pareille obligation.

« Le nombre des dentellières diminue donc chaque jour et le recrutement en est nul; actuellement ce sont les vieilles femmes qui assurent la production, les jeunes se sont détournées de ce métier; si l'on n'y prend garde, dans moins de dix ans, il n'y aura plus de dentellières dans le Calvados.

« Et l'on constate cette défection précisément à un moment où la dentelle à la main revient à la mode et où l'espoir d'une reprise des affaires ne semble pas chimérique. Les fabricants nous ont déclaré qu'il y avait déjà plus de 20 pour 100 d'augmentation sur les prix actuels et ceux d'il y a dix ans, qui étaient, il est vrai, tombés à un niveau dérisoire, et les salaires des ouvrières ont pu être relevés en conséquence; l'industrie mécanique subit à son tour une crise assez sérieuse, prodrome d'une décadence irrémédiable, car l'imitation n'aura pas pour la défendre les hautes qualités artistiques de la dentelle à la main. L'opinion s'intéresse de plus en plus à cette industrie, et il n'est que juste de constater que ce revirement significatif est dû en partie à l'infatigable campagne menée par notre compatriote, M. Fernand Engerand, à la suite de la remarquable étude qu'il fit paraître, dans la *Revue des Deux-Mondes*, sur l' « Industrie de la dentelle en Normandie ». Nous signalerons, d'ailleurs, avec empressement, un très haut patronage qui vient récemment de se manifester en faveur de la dentelle à la main : Mme la Présidente de la République, en visitant, à l'Exposition, les galeries des dentelles, a fait à nos maisons normandes d'importantes commandes et a même mandé à l'Élysée M. Lefébure, le distingué fabricant bayeusain, à qui elle a témoigné tout l'intérêt qu'elle portait à cette industrie. Je crois, Messieurs, que le Conseil général sera unanime pour remercier Mme la Présidente de la République de cette précieuse marque de sympathie.

« Le problème industriel de relèvement de la dentelle à la main est double, et sa solution intéresse à la fois la fabrication et la vente du produit.

« Il est évident que pour ce qui a trait à la vente de la dentelle l'intervention du Conseil général ne peut dépasser les limites d'un vœu; nous n'avons aucunement la prétention de diriger la mode féminine, et un gouvernement aussi délicat nous échappe. C'est, comme l'a très justement observé M. Fernand Engerand, aux femmes du monde à jouer un tel rôle. Déjà en Italie, en Autriche, en Suède, en Angleterre, les grandes dames ont ainsi pris sous leur patronage la dentelle à la main et sont parvenues à en relever l'industrie, qui était dans ces pays plus complètement tombée qu'elle ne l'est chez nous. Il serait à désirer que cet exemple fût suivi en France, et je ne crois pas commettre une trop grosse indiscrétion en laissant entendre que cette idée très vraisemblablement entrera d'ici peu dans le domaine de la réalité : nous ne pouvons, en ce qui nous concerne, que témoigner notre vive sympathie à la réussite d'une aussi intéressante entreprise.

« Ajoutons que la reprise de la mode en faveur des dentelles, qui nous a été signalée par les principaux fabricants, donne dès à présent, à ce projet, un élément de succès.

« Mais si le Conseil général ne peut rien pour favoriser la vente de la dentelle, il peut beaucoup, par contre, pour en encourager la fabrication et en assurer l'apprentissage; et toutes les fois que l'occasion s'en est offerte, il n'a d'ailleurs pas hésité à témoigner à cette industrie une vive sollicitude.

« Il y a, en effet, un intérêt social évident à ne pas laisser perdre une telle industrie. Il n'en est pas qui se concilient mieux avec les obligations de la vie de famille et les occupations du ménage; pendant longtemps, ce fut le principal travail productif pour les enfants qu'il retenait à la maison, les préservant des risques de l'oisiveté, leur donnant le goût du travail, l'amour du foyer et du village.

« La dentelle constituait encore pour les vieilles femmes un gagne-pain sûr; son exercice était égal, sans interruption, et offrait ce grand avantage d'être admirablement adapté aux nécessités de la vie des champs, car il pouvait être quitté et repris sans dommage; enfin, en permettant à la paysanne, de gagner sa vie chez elle, et d'apporter un fort appoint au salaire du mari, ce métier retenait la femme au village et par là même y fixait le foyer. On pourrait ainsi constater, que la dépopulation de nos campagnes a été, dans certaines parties de notre département, concomitante à la crise de la dentelle, ce qui s'explique aisément par le fait que les fillettes, ne trouvant plus à gagner leur vie au village, s'en sont allées vers les villes; que par suite, le nombre des mariages a diminué notablement dans les paroisses rurales, et que les naissances arrivent à peine à y couvrir les décès.

« Le nombre des dentellières décroît donc dans des proportions inquiétantes, et un fabricant nous déclarait qu'aujourd'hui c'était moins le travail qui manquait que les ouvrières.

« Une telle situation peut et doit solliciter l'attention du Conseil général, car il s'agit d'assurer l'exercice d'une industrie véritablement nationale. La seule question qui se pose donc aujourd'hui est celle de l'apprentissage.

« Autrefois cet apprentissage se faisait tout naturellement ; la mère apprenait le métier à sa fille, et l'école perfectionnait cet enseignement; on y consacrait, en effet, deux ou trois heures par jour à l'enseignement primaire et, le reste du temps, on travaillait à la dentelle.

« Par le fait des lois du 16 juin 1881 et du 28 mars 1882, cette situation a été modifiée. Il n'entre pas dans ma pensée de critiquer l'esprit et les tendances de ces lois — ce ne serait pas, d'ailleurs, ici le lieu de le faire — mais je suis bien forcé de constater une évidence, et de signaler une conséquence fâcheuse qui, j'ai hâte de le dire, provient moins de la loi elle-même que de l'interprétation défectueuse qui en fut faite.

« Les enfants sont donc retenus à l'école jusqu'à 13 ans, et certains d'entre nous peuvent se souvenir que, dans les premiers temps où cette loi fut appliquée, les inspecteurs ne toléraient pas qu'on juxtaposât l'enseignement professionnel à l'enseignement primaire; les classes de dentelles ont donc été immédiatement détruites et l'apprentissage gravement compromis.

« Cette constatation fut, d'ailleurs, faite, à cette époque, par tous les fabricants de dentelles, à la Commission d'enquête sur la condition des ouvriers et des industries d'art, instituée par décret du 24 décembre 1881.

« Cette interprétation était certainement abusive, car l'article 15 de la loi du 28 mars 1882 est catégorique :

« La Commission scolaire peut, avec l'approbation du
« Conseil départemental, dispenser les enfants employés
« dans l'industrie et arrivés à l'âge de l'apprentissage,
« d'une des deux classes de la journée. » Cette sage disposition rend possible l'apprentissage de la dentelle et donne aux enfants le temps nécessaire pour y travailler sérieusement. Aussi bien aujourd'hui est-on unanime à proclamer l'importance de l'enseignement professionnel, et nous ne doutons point que toutes les fois qu'une Commission scolaire demandera au Conseil départemental le bénéfice de cet article 15, celui-ci n'hésitera pas à faire droit à une telle demande.

« Si donc l'apprentissage de la dentelle est possible à l'école, il nous semble qu'il est de la plus haute utilité de l'encourager; si, en effet, à l'âge de 13 ans, une fillette ne sait pas ce métier, elle ne le saura jamais, car elle n'aura pas le temps et les moyens de disposer de quatre années pour l'apprendre.

« Qu'on n'objecte point qu'il est superflu d'apprendre aux enfants un métier quand on n'est pas sûr que son exercice pourra les faire vivre. N'apprend-on donc aux enfants que des choses dont ils tireront un profit direct et certain? Ne serait-il pas plus utile d'enseigner aux fillettes la dentelle que la physique ou la chimie; en leur apprenant ce métier, qui fit vivre leurs grand'mères, ne les prépare-t-on pas mieux à la vie?

« Dans les moments de chômage, elles pourront s'entretenir la main et trouver là un petit salaire; et, si la dentelle venait à se relever, la production ne serait plus prise au dépourvu, car il y aurait dans les campagnes des femmes, prêtes à retourner à ce métier, redevenu lucratif. En tout cas, cet apprentissage scolaire de la dentelle aurait ce grand avantage de donner aux enfants l'habitude du travail et de les retenir à l'école ; il justifierait ce mot d'Herbert Spencer : « La meilleure instruc« tion est celle qui prépare le mieux l'enfant à l'avenir « qui l'attend. »

« Il importe donc d'encourager l'apprentissage et principalement l'apprentissage à l'école ; le Conseil général l'a bien compris et, en 1884, il votait en ce sens un crédit de 2000 francs. Cette subvention devait être répartie aux maîtresses de dentelles, par primes de 15 francs par élève, décernées à la fin de l'apprentissage.

« Nous devons à la vérité de reconnaître que cette libéralité n'a pas donné les résultats qu'on était en droit d'en attendre, mais il résulte des renseignements qui nous sont parvenus que la faute en est principalement au système adopté et au mode de répartition, qui neutralisaient le bon effet de la mesure.

« En effet, l'octroi d'une prime à la seule maîtresse et à la fin de l'apprentissage présente plusieurs graves inconvénients que l'expérience a fait reconnaître.

« Le premier est d'intéresser seulement la maîtresse et de tenir l'élève bénévole en dehors de cette récompense. Sans doute l'enseignement est gratuit, mais la mise au métier n'en exige pas moins des frais particuliers (achat du métier et des fuseaux, des fournitures, perte forcée des premiers mètres de dentelle faite par l'apprentie, etc.). Les parents, vous le savez, sont très peu disposés à faire le moindre, le plus petit sacrifice pour un résultat aussi aventureux : il aurait donc fallu les aider dans ces frais de premier établissement.

« D'un autre côté, l'apprentissage de la dentelle est long, il dure quatre ou cinq ans ; les enfants n'ayant pas grand temps pour travailler, cela reculait d'autant le moment où leur habileté eût été suffisante pour mériter à leur maîtresse la récompense promise. Beaucoup se décourageaient, d'autant plus facilement qu'elles étaient trop indirectement intéressées au résultat, et qu'elles avaient conscience de travailler pour le bénéfice d'autrui. Le but de la subvention votée par le Conseil général et qui était d' « encourager les enfants à rester au métier », n'était donc pas atteint.

« De plus, le crédit venait à un moment où les classes de dentelles étaient disparues, où les maîtresses d'ouvrage étaient sans occupation.

« Or, la disposition du crédit ne prévoyant pas les conventions directes et immédiates à ces maîtresses, il devait forcément s'ensuivre que son affectation serait exclusivement réservée aux institutrices qui enseigneraient la dentelle; mais pour enseigner la dentelle, il faut d'abord la savoir, et nos institutrices n'avaient jamais été préparées à un tel enseignement.

« Dans ces conditions, il n'était pas surprenant que la libéralité du Conseil général demeurât de nul effet; aussi le crédit, primitivement porté à 2 000 francs, est-il actuellement tombé à 300 francs (ch. 15 du budget ordinaire).

« Nous avons pensé, Messieurs, qu'en amendant cette résolution, en modifiant la méthode admise et en la complétant par une disposition nouvelle, on arriverait à lui permettre de produire son plein effet, à relever l'apprentissage et à encourager les apprenties à rester au métier. »

Les conclusions de M. Flandin furent adoptées : le Conseil général vota une prime d'encouragement aux ouvrières à leur entrée en apprentissage et aux maîtresses d'ouvrages, après la formation de chaque apprentie ; il admit également le principe d'un concours entre jeunes ouvrières avec attribution de récompenses sous forme de livrets de caisse d'épargne.

La campagne ainsi entreprise fut soutenue non seulement par la presse qui s'est tout de suite montrée très favorable à cet essai de la renaissance de la dentelle, mais aussi par l'avis successif des Conseils généraux des autres départements intéressés qui approuvèrent tous l'initiative de celui du Calvados.

La question fit donc assez vite son chemin et, en 1903, elle est portée devant le Parlement. En d'excellents termes et avec une compétence indiscutable, M. Engerand présente à son tour aux députés les arguments par lesquels il sollicite l'appui du Gouvernement en faveur de la dentelle :

« Messieurs, mon amendement avait surtout pour but d'appeler l'attention bienveillante de la Chambre et du Gouvernement sur une industrie des plus intéressantes, sur un art peut-on dire — le mot n'a rien d'excessif — sur un art féminin qui n'a pas été un des moindres à fortifier, sur le terrain industriel, le bon renom du travail français ; je veux parler de la dentelle à la main.

« A notre époque, où l'on constate un retour sensible de l'opinion en faveur de cette parure, nos fabricants ne sont pas sans éprouver de graves appréhensions sur l'avenir de cette industrie par suite du manque prochain d'ouvrières. Il y a là une crise très particulière de l'apprentissage et je vous demande la permission de vous l'exposer en deux mots :

« L'apprentissage de la dentelle est très long, c'est une affaire de quatre à cinq ans, et il a besoin d'être commencé de bonne heure. Autrefois les enfants apprenaient ce métier dès l'âge de cinq ans, les mères de famille l'enseignaient à leurs enfants. Dans les départements intéressés, cet enseignement familial était continué par l'enseignement de l'école, car dans les écoles alors la dentelle était enseignée couramment comme la lecture et l'écriture. Sans doute, tous les enfants n'arrivaient pas à la très grande habileté, mais au moins en résultait-il un travail de moyenne excellent, et c'est à ce système que nous devons ces habiles ouvrières qui ont porté la marque française au degré de perfection où elle est actuellement.

« Or, par suite de l'application abusive, à mon sens, qui a été faite de la loi scolaire par les inspecteurs primaires, il est résulté qu'on a sacrifié l'enseignement professionnel à l'enseignement primaire; les classes de dentelles ont été supprimées et l'apprentissage de cet art est devenu à peu près impossible.

« Comme je vous disais, l'apprentissage de la dentelle est très long; à 13 ans, les enfants qui sortent de l'école sans savoir la dentelle, n'ont ni le temps, ni les moyens de l'apprendre; le goût des gains précoces, le besoin de salaires immédiats les détournent de ces métiers et les jeunes filles s'en vont à la ville. Elles étaient autrefois dentellières, aujourd'hui elles seront servantes.

« Cette situation ne laisse pas que d'être inquiétante. En effet, dans nos campagnes, les plus jeunes ouvrières en dentelles ont de 50 à 60 ans; plusieurs générations sont déshabituées de ce métier, le recrutement est nul et l'apprentissage impossible. Si l'on n'y fait pas attention, dans dix ans, il n'y aura plus en France de dentellières et si, comme d'heureux indices nous le font espérer, la dentelle à la main, dont la perfection artistique n'a jamais été supérieure, venait à reprendre, ce seront les dentellières qui feront défaut. Je sais que cette situation n'a pas été sans préoccuper le ministère du Commerce et que des tentatives très intéressantes ont été faites dans un département pour obvier aux inconvénients, aux difficultés de cet apprentissage scolaire de la dentelle ; je félicite sincèrement M. le Ministre, et je lui demanderai de bien vouloir étendre un peu le champ de l'expérience et de la porter dans d'autres départements où l'initiative privée est toujours peu tentée à se manifester. Dans le Calvados, notamment, le Conseil général, sur la proposition de mon collègue et ami, M. Ernest Flandin, a voté des crédits pour encourager cet apprentissage de la dentelle; l'État ne devrait-il pas aider un peu à l'initiative prise par le département?

« Je demande également à M. le Ministre s'il ne pourrait pas s'entendre avec son collègue de l'instruction publique pour que l'on rende plus facile cet apprentissage scolaire de la dentelle.

« Il est évident qu'une enfant qui sort de l'école à 13 ans, sans savoir la dentelle, ne la saura jamais parce qu'elle n'aura jamais ni le temps ni les moyens de l'apprendre; et je crois être l'interprète du sentiment presque unanime de la Chambre en déclarant que, dans notre système actuel d'enseignement, il est de plus en plus nécessaire de juxtaposer l'enseignement professionnel et l'enseignement primaire.

« Je n'insiste pas, car je crois que le Gouvernement et la Chambre sont dans des intentions sympathiques au sujet de cette industrie et je ne veux pas m'imposer outre mesure à l'attention de la Chambre.

« Mon amendement tendrait à relever immédiatement le crédit du chapitre XV. On m'a fait observer que le crédit actuel était suffisant pour poursuivre les expériences. Je m'incline bien volontiers. Aussi bien dans cette discussion du budget, la Chambre éprouve le vertige de la vitesse et je serais écrasé à vouloir m'y opposer. La Chambre a déjà refusé presque systématiquement tout dépassement de crédit même en faveur d'hommes qui votent. Je serais mal venu à lui demander de consentir à des dépassements de crédits en faveur de malheureuses femmes qui ne votent pas.

« Je retire mon amendement en me réservant de le transformer en proposition de loi. J'espère que le Gouvernement ne verra pas d'inconvénients à ce que je réclame pour elle le bénéfice de l'urgence. Mais je ne voudrais pas descendre de la tribune sans indiquer à la Chambre la nécessité absolue, l'urgence qu'il y a à commencer à protéger plus efficacement qu'on ne le fait le travail féminin.

« Jusqu'ici, dans toutes les revendications ouvrières, la femme a été presque complètement oubliée. Il y a là une injustice qui me semble coupable; comme l'a dit notre collègue, M. Charles Benoist, l'organisation et la protection du travail féminin, c'est presque la moitié de la question sociale.

« *M. le ministre du Commerce et de l'Industrie.* — L'honorable M. Engerand a justement dit que le Gouvernement ferait des efforts pour empêcher la ruine d'une industrie de luxe comme celle de la fabrication des dentelles de Valenciennes, du point d'Alençon et de Chantilly. A cet égard nous avons fait des essais intéressants.

« Si cette industrie périclite, cela tient à des causes nombreuses; d'abord au bas prix de la main-d'œuvre, puis à une vente plus difficile, à l'absence de débouchés. Nous cherchons à former des ouvrières; nous avons commencé et nous ne demandons pas mieux que de continuer cette œuvre. Nous nous efforcerons de faire ce que demande l'honorable M. Engerand, c'est-à-dire d'associer sur ce point, de la façon la plus utile, l'enseignement primaire et l'enseignement professionnel. »

Après ce discours, M. Engerand retirait son amendement et renonçait à demander un crédit immédiat, mais son projet était repris de suite, sous forme d'une proposition de loi, et la Chambre nommait une commission pour en élaborer le projet.

Ce fut M. Vigouroux qui, comme rapporteur, présenta le 15 juin 1903 l'exposé de la question et obtint un vote favorable. Son rapport rempli d'arguments et d'observations judicieuses est une page intéressante à ajouter à l'histoire moderne de la dentelle :

« Messieurs, vous déplorez la dépopulation de nos campagnes et vous cherchez à l'enrayer par tous les moyens possibles. En même temps que vous vous efforcez de protéger nos produits agricoles contre la concurrence étrangère, vous voulez développer l'instruction et l'esprit de solidarité chez nos paysans; vous avez la préoccupation d'améliorer, dans la mesure où cela dépend de vous, leur situation matérielle, intellectuelle et morale. Mais, à côté des mesures d'ordre général que vous édictez pour l'ensemble du territoire français, il serait utile de prendre des dispositions spéciales pour empêcher le dépeuplement de certaines régions.

« Souvent, le salaire de l'ouvrier agricole et même le gain du paysan cultivateur est insuffisant pour leur permettre de nourrir leur famille et de traverser le chômage de l'hiver. Un salaire d'appoint est alors indispensable et il faut le demander à l'émigration temporaire ou bien à l'exercice d'une industrie à domicile.

« Vous connaissez les inconvénients de l'émigration temporaire; le principal, c'est qu'elle tend à devenir définitive. Quand il s'agit des femmes, ces inconvénients sont encore plus graves : abstraction faite des dangers de toutes sortes qui les guettent dans les villes, leur départ empêche le retour des jeunes gens au pays natal.

« Il y a donc un intérêt économique et social de premier ordre à favoriser le développement des industries que peuvent exercer à domicile nos paysans et, surtout, nos paysannes. D'autres pays l'ont compris et nous ont précédés dans cette voie. Dans le remarquable exposé des motifs qui précède le texte de sa proposition, notre très distingué collègue, M. Engerand, cite, à cet égard, des exemples très instructifs.

« La tapisserie et les divers arts textiles, après avoir pendant longtemps occupé en Suède la plupart des femmes de la campagne, avaient subi un déclin très sensible. En 1874, sous le nom de *Handarbetets vanner* (société des amis du travail manuel), un groupe mondain se forma pour favoriser la renaissance d'une aussi intéressante industrie : la baronne Adlesparre en prit la direction et la femme du prince héritier, la princesse Victoria de Suède, lui accorda son haut patronage. Cette société, qui compte à l'heure actuelle plus de 1000 membres, fait pour plus de 100 000 francs d'affaires par an. Elle encourage et s'efforce de diriger dans une voie artistique l'industrie des femmes à domicile : pour cela, elle s'emploie à sauver et à remettre à la mode les vieux modèles de tissus rustiques, de tapisseries, de dentelles, de broderies, de rubans, en les appropriant aux usages modernes et en leur donnant un cachet réellement artistique.

« Elle a créé des écoles d'apprentissage et de perfectionnement, ainsi que des ateliers ruraux ; elle organise des expositions de ses produits et de ses modèles et mène à l'étranger des enquêtes sur les diverses industries féminines aux fins d'importer les procédés nouveaux, les dessins intéressants ; enfin elle a installé à Stockholm un comptoir d'achat, de vente et de commission où le client peut choisir [son modèle, que le comité fait ensuite exécuter dans l'un de ses ateliers ruraux : chaque année, les divers soldes font l'objet d'une tombola entre les membres de la société. Ce patronage a été très heureux et ses résultats fort appréciables ; en même temps qu'il remettait en vigueur l'exercice de métiers tombés et en assurant à leurs travaux des débouchés avantageux.

« Dans le même but se groupèrent, en 1895, des dames de la haute aristocratie hongroise et autrichienne : cette société (*Isabella hazi ipar egylet*), favorisée par l'empereur et le gouvernement, s'efforce de faciliter le développement artistique des travaux manuels des paysannes de la haute Hongrie en débarrassant ces femmes du souci et des risques de la vente de leurs produits ; elle a déjà créé six ateliers-écoles et un dépôt de vente à Presbourg. A l'Exposition de 1900, où cette société se voyait attribuer le grand prix, on a pu constater la variété de cette production paysanne et les qualités artistiques dont elle témoigne.

« Mais c'est peut-être en Angleterre que ces œuvres en

faveur de la petite industrie rurale ont pris le plus d'extension et que la nature en a été le plus ingénieusement variée : le fait s'explique assez par la dépopulation des campagnes anglaises, que les jeunes gens désertent, faute de gages suffisants, que les fermiers ne peuvent leur donner.

« Au début du siècle, la population rurale de l'Angleterre était de 5 534 000 individus répandus sur 31 577 000 acres ; elle n'est plus actuellement que de 4 721 252, occupant 34 000 000 d'acres. Les villes avaient alors une population de 36 pour 100 supérieure à celle des campagnes, tandis qu'aujourd'hui la différence au profit des villes est de 66 pour 100.

« La haute société s'est donc préoccupée de procurer du travail aux paysannes pour leur permettre de rester à la campagne, et il en est résulté une sorte d'émulation mondaine, dont les effets sont des plus intéressants à connaître. Pour en citer quelques exemples, à Garry-Hill, la vicomtesse Duncannon fait travailler les jeunes villageoises à des broderies qui sont utilisées dans la confection des grandes toilettes ; très souvent les plus brillantes robes de bal sont ainsi faites en partie dans les pauvres chaumières d'Irlande et les plus hauts patronages ont favorisé cette charmante entreprise.

« Ainsi, pour un bal costumé donné par la marquise de Londonderry, la duchesse de Devonshire fit faire par ces paysannes irlandaises les divers ornements de son costume « Marie-Thérèse ». A diverses reprises, la reine Alexandra fit des commandes à ces mêmes paysannes. (*Musée social. Archives* : dossier de l'industrie rurale.)

« A Baronscourt, c'est la duchesse d'Abercorn qui fait travailler les femmes au tricot, et son habile diplomatie est parvenue à décider le ministère de la guerre à faire exécuter pour l'armée chaque année quatorze mille paires de chaussons par les paysannes de cette région.

« Ajoutons qu'une école dentellière vient de s'ouvrir à Moscou, sous le patronage de la czarine; que les efforts de la reine Marguerite, secondée par les dames de l'aristocratie italienne, ont abouti au relèvement de l'industrie dentellière à Burano et dans plusieurs centres (à Bologne, Florence, Pérouse, etc.); que l'idée de suivre cet exemple a pris corps chez les dames hollandaises et que la propagande menée en Belgique par M. Pierre Verhaegen et l'office du travail, pourrait bien entraîner chez nos voisins l'application, à brève échéance, des différentes mesures préconisées par notre collègue Engerand.

« Ainsi donc, les pays étrangers encouragent vivement les industries que les paysannes peuvent exercer à domicile. Nous devons d'autant plus les suivre dans cette voie que notre inertie mettrait en état d'infériorité les fabricants qui ont eu tant de peine à conserver en France la fabrication de la dentelle à la main. Il est temps d'agir, nous aussi, si nous voulons empêcher le déclin d'une industrie qui retient à la campagne des dizaines de milliers d'ouvrières et contribue à maintenir la supériorité des modes françaises sur tous les marchés du monde.

« Ainsi que l'explique très bien l'auteur de la proposition soumise à notre examen, la dentelle est un ouvrage dans lequel un fil conduit par une aiguille, ou plusieurs fils, tressés au moyen de fuseaux, engendrent un tissu et produisent des combinaisons de lignes analogues à celles que le dessinateur obtient avec son crayon. Elle diffère de la broderie en ce que le décor y est partie intégrante du tissu au lieu d'être appliqué sur un tissu préexistant; elle se distinguera des étoffes tissées ou brochées, quand elle sera faite à la main et non obtenue au moyen d'un mécanisme répétant indéfiniment le même modèle.

« Il y a ainsi deux sortes de dentelles, d'après les procédés employés pour leur exécution : la dentelle à l'aiguille, dont le travail se rapprocherait assez de celui de la broderie ; la dentelle aux fuseaux, qui présenterait plus d'analogie avec le tissage des étoffes ou même avec la tapisserie. Cette dentelle aux fuseaux est constituée par une série de mailles, dont chacune est formée par quatre fils, tressés plusieurs fois deux par deux et arrêtés aussitôt par une épingle pour que les croisements ne se brouillent ni ne se décroisent. Elle se fabrique sur un petit métier très simple, formé d'une planche, recouverte de toile et rembourrée de façon à former une sorte de coussin, aisément mobile, susceptible de se poser sur les genoux de l'ouvrière ou sur un appui extérieur à portée de la main.

« La dentelle exprime donc un dessin avec des fils entrelacés, passés l'un dans l'autre — d'où son ancienne appellation de passement. Il y a deux éléments essentiels de cette architecture impondérable : le fond ou réseau, treillage régulier de fils dont le croisement forme un filet ; le dessin ou la fleur, tracé sur un carton spécialement préparé, et dont le contour et le corps même, ponctués par des piqûres d'épingles, sont combinés avec le réseau par des fils plus ou moins épais et différemment croisés.

« C'est d'après ce dessin que travaille la dentellière : grâce à ce piquage et à quelques indications écrites sur les fleurs, plusieurs femmes travaillant à des lieues de distance font leurs bouts de dentelles si semblables qu'ils peuvent être réunis ensemble dans le même morceau ; si la pièce à exécuter est une bande, dont le dessin se répète indéfiniment, le métier contient un cylindre tournant sur deux tourillons qui présente ainsi sans fin le dessin à l'ouvrière.

« Pour qu'une dentelle soit vraiment belle et impeccable, il faut qu'elle soit bien ombrée, bien dégagée, bien souple, que les courants de fils soient nets et tranchés ; alors seulement le dessin ressort bien et ses moindres côtés sont mis en valeur.

« La caractéristique de la dentelle aux fuseaux c'est le fondu des contours ; celle du point à l'aiguille, au contraire, le relief et l'accentuation de la fleur : le fuseau est à l'aiguille ce que l'estompe est au crayon ; le dessin que le fuseau adoucit, l'aiguille le précise. La dentelle à l'aiguille a plus d'éclat et sert à des usages plus nobles ; la dentelle aux fuseaux a plus de souplesse et de charme, et ses flots vaporeux semblent faits pour idéaliser la beauté féminine et en affiner la grâce.

« La fabrication de la dentelle à la main s'adapte merveilleusement aux occupations rurales. La dentellière peut surveiller ses enfants ou son pot-au-feu, voire même garder les troupeaux, tout en laissant courir ses doigts agiles. Quand elle a des loisirs, elle s'assemble avec ses voisines, le plus souvent en plein air. Les conversations vont leur train, le travail est moins fastidieux et l'esprit de solidarité y trouve son compte.

« Pour beaucoup, c'est une occupation assez lucrative et peu fatigante. Autrefois, la mère l'enseignait à sa fille dès l'âge de cinq à six ans, et il n'est pas rare de voir des femmes de soixante à quatre-vingts ans s'y adonner encore aujourd'hui.

« Malheureusement, une crise terrible et prolongée est venue frapper cette gracieuse industrie. La concurrence des machines, les variations de la mode et la dictature des grands couturiers qui ont intérêt à supprimer les accessoires et les ornements coûteux et faciles à imiter, voilà les causes principales de cette crise. Dans certaines régions, elle a produit des résultats navrants. Pour citer un exemple, le département du Calvados a perdu en un demi-siècle 45 000 ouvrières dentellières sur 50 000.

« Il est vrai que dans ces régions ce n'est pas seulement la vente, mais la production même qui a été atteinte dans ses œuvres vives. En appliquant les lois scolaires, on a proscrit tout enseignement professionnel de l'enseignement primaire et on a déterminé un exode des fillettes vers les villes.

« M. Engerand cite, à ce propos, des exemples tout à fait concluants. Ainsi, le village d'Amblie (Calvados) a vu sa population tomber depuis 1872, de 700 à 308 habitants; les campagnes de Caen, Bayeux et Falaise, où l'on fabriquait autrefois beaucoup de dentelles, ont perdu 27 182 habitants; dans l'arrondissement de Caen, notamment, les campagnes comptaient, à cette date, 84 931 habitants; ce chiffre, en 1896, est tombé à 71 461 habitants, et la dépopulation a affecté plus spécialement les cantons de la plaine, où la dentelle était la principale occupation des femmes.

« Par suite de ce départ des enfants, la vie de famille se trouve brisée; qu'advient-il alors des femmes qui restent? Les vieilles, pour qui la dentelle est une habitude, continueront sans doute à en faire; mais les femmes de trente à quarante ans, d'habileté moyenne, estiment que travailler toute une journée pour récolter difficilement dix sous et encore là-dessus payer son fil, est une duperie et qu'il vaut mieux ne rien faire. La plupart resteront oisives, tristes, inoccupées; et à la campagne, un tel état d'esprit n'est que trop souvent la première étape sur la route de l'alcoolisme.

« Aujourd'hui donc les dentellières se font de plus en plus rares, les plus jeunes ont soixante ans, plusieurs générations sont déshabituées de ce métier, le recrutement en est nul : si l'on n'y prend garde, dans dix ans, il n'y aura plus de dentellières.

« Le même phénomène s'est produit à Bailleul, dans le département du Nord. Les fabricants de cette région, ne pouvant plus recruter un nombre suffisant d'ouvrières, ont été obligés de donner leurs commandes à des Belges et de transporter de l'autre côté de la frontière une industrie qui avait, pendant deux siècles, procuré un véritable bien-être aux classes populaires.

« Et cela se comprend : si la confection de la dentelle à la main n'est guère pénible, le perfectionnement d'une bonne dentellière exige quatre ou cinq ans, et encore est-il nécessaire qu'elle ait commencé dès la plus tendre enfance. Comment pourraient-elles consacrer une aussi longue période à l'apprentissage d'un métier où les salaires sont tombés aussi bas, alors qu'elles ont besoin de ressources immédiates? Rien d'étonnant à ce qu'elles se dirigent en masse vers les villes et les centres industriels.

« Dans les Vosges et le Massif central, le même mouvement s'est produit, toutefois avec moins d'intensité. Les dentelles y sont en général moins coûteuses, beaucoup plus variées et d'un placement moins difficile. De plus, l'éloignement des grands centres, l'attachement plus grand des populations montagnardes au sol natal et l'impérieuse nécessité de gagner à tout prix des salaires d'appoint ont contribué à ralentir la diminution persistante du nombre des dentellières.

« Mais le cri d'alarme poussé par nos collègues de Normandie n'en a pas moins trouvé un écho dans ces régions, et les départements où la fabrication s'est maintenue ont tenu à s'associer unanimement à l'heureuse initiative prise par M. Engerand, au moment de la discussion du budget de l'exercice 1903.

« Nos collègues proposaient d'augmenter d'une somme de 100 000 francs le chapitre XV du budget du ministère du commerce et de l'industrie pour subventionner et encourager l'industrie de la dentelle à la main. A la demande de M. le ministre du commerce, ils ont consenti à remplacer leur amendement par la proposition de loi qui fait l'objet du présent rapport.

« Cette proposition a été examinée avec soin par tous ceux de nos collègues qui s'intéressent à la prospérité de l'industrie dentellière, notamment : MM. Ernest Flandin (Calvados); Plichon, l'abbé Lemire (Nord); Léon Gautier (Vosges); Peureux (Haute-Saône); Louis Vigouroux, Devins, Durand et Michel (Haute-Loire).

« Ensuite elle a été portée par leurs soins devant les conseils généraux, les chambres syndicales et les principaux fabricants de Paris et des départements intéressés. Partout elle a été très bien accueillie. On pourra en juger par la lecture des vœux et des délibérations qui sont annexés au présent rapport.

« De son côté, le ministère du Commerce a procédé à une enquête sérieuse et institué une expérience fort intéressante. (Voir la lettre de M. le conseiller d'État, directeur de l'enseignement technique.)

« Une étude attentive des mesures propres à relever l'apprentissage de la dentelle à la main, nous a démontré la nécessité de le commencer à l'école primaire et le plus tôt possible. Sur ce point, toutes les personnes compétentes sont unanimes.

« Les lois scolaires ne s'y opposent en aucune façon. Deux ou trois demi-heures par semaine seront suffisantes. Quand l'institutrice ne sera pas en mesure de diriger elle-même cet apprentissage, une ouvrière compétente en sera chargée, comme cela se fait actuellement pour l'enseignement de la couture.

« Du reste, la proposition de loi prévoit l'organisation de cours professionnels dans les écoles normales de filles des départements où la fabrication est en usage, et en peu d'années les institutrices sorties de ces écoles suffiront à tous les besoins. La dépense de ce chef sera des plus minimes ; elle se réduira à la rémunération d'un seul professeur par département intéressé.

« Le ministère du Commerce est bien préparé pour réaliser à très peu de frais cette modeste et utile réforme. Il trouvera dans les chambres syndicales, les chambres de commerce et les fabricants isolés des auxiliaires convaincus. Le ministère de l'Instruction publique est tout disposé à seconder ses efforts. Dans ces conditions, nous ne prévoyons pas sur ce point la moindre objection. Mais les recherches que nous avons faites sur la situation de l'industrie dentellière à l'étranger nous ont montré que cette réforme devait être complétée. Nous avons vu plus haut que des encouragements précieux sont donnés, dans certains pays, à l'industrie dentellière par les classes aristocratiques et même les pouvoirs publics. Les reines et les impératrices donnent l'exemple.

« En Autriche, par exemple, lorsque la crise dont nous

avons parlé sévit il y a une vingtaine d'années, l'impératrice prit la tête du mouvement et fut secondée par la chambre de commerce de Prague.

« Des écoles professionnelles furent établies sur tous les points de l'empire, le gouvernement institua à la *Kunstgeverbeschule* (école d'art industriel) un cours de dessin sur dentelles et un atelier modèle pour perfectionner la technique de l'aiguille et du fuseau : des dentellières viennent apprendre là les procédés nouveaux, leurs frais de séjour sont assurés et, quand leur instruction est suffisante, elles retournent dans leurs villages et font profiter les autres du savoir qu'elles ont acquis. Les résultats obtenus ont été magnifiques; la technique de cet art est aujourd'hui supérieure et, malgré la concurrence des machines, la dentelle, patronnée par l'aristocratie, est florissante en Autriche où les élégantes se font un point d'honneur de ne porter que des articles nationaux — exemple que nos élégantes devraient bien imiter.

« En Angleterre, à défaut du gouvernement qui n'a pas l'habitude de prendre de semblables initiatives, la reine Victoria est intervenue pour défendre la dentelle à la main, menacée par la concurrence des machines. Elle a fondé une école professionnelle à Honiton, secondée par un comité de femmes du monde que présidait la duchesse d'York.

« La République française peut-elle rester indifférente alors que les impératrices, les reines et les gouvernements étrangers soutiennent ou se préparent à soutenir énergiquement une industrie si intéressante au point de vue artistique, économique et social?

« Elle le peut d'autant moins que Paris est le débouché par excellence pour les produits de cette gracieuse industrie, que, suivant les paroles de M. Lefébure, « nos concurrents étrangers font les plus grands efforts pour nous enlever notre suprématie artistique et industrielle et qu'elle est un des éléments principaux du prestige encore incontesté des modes françaises sur tous les marchés du monde ».

« Or, il lui suffirait de dépenser judicieusement une poignée de billets de banque pour imprimer à la fabrique nationale un élan vigoureux. Elle n'a qu'à encourager dans les centres dentelliers la création ou le perfectionnement de cours supérieurs de dessin propres à développer l'éducation artistique des dessinateurs professionnels. Les combinaisons que ceux-ci peuvent imaginer sont infinies. Ils peuvent puiser leurs inspirations dans le grand livre de la nature et trouver des documents intarissables dans l'étude de la plante, de la tige, de la fleur, de la feuille, etc.

« A côté d'eux, il est nécessaire que des ouvrières d'élite exécutent leurs conceptions, car il ne suffit pas d'être un artiste pour établir un beau dessin de dentelle, il faut être du métier et prévoir les difficultés de l'exécution. Comme on l'a compris en Autriche, l'atelier est le complément indispensable du cours de dessin de dentelles. On choisira donc parmi les jeunes dentellières, les mieux douées, les mieux appliquées et on les enverra dans l'atelier de perfectionnement le plus rapproché de leur village. En permettant aux dessinateurs de se perfectionner, elles apprendront, en même temps, les points anciens, les points riches, ce qu'on pourrait appeler les points classiques, et de retour au village, elles formeront d'autres ouvrières capables de rivaliser avec les dentellières des Flandres les plus habiles.

« La vente des produits de leur travail, les subventions

des chambres syndicales, des chambres de commerce, des municipalités et des départements, ainsi que les dons particuliers, réduiront à bien peu de chose les déboursés de l'État.

« Dans l'ensemble il résulte des renseignements recueillis par le ministère du Commerce et par nous-même que, pour une dépense insignifiante, nous pouvons relever l'apprentissage de la dentelle à la main, qui est actuellement menacé de disparition plus ou moins rapide.

« Nous avons montré que la prospérité de cette industrie enrayait la dépopulation de certaines régions agricoles et contribuait à la supériorité des modes françaises. Ajoutons que la disparition de la dentelle à la main causerait le plus grave préjudice à la dentelle fabriquée mécaniquement. En effet, on porte cette dentelle uniquement parce qu'elle est une imitation de la première, absolument comme on porte de faux diamants à l'imitation des vrais.

« Cette considération jointe à celles qui précèdent vous montre l'intérêt national de premier ordre que nous avons à encourager la charmante industrie dont M. Engerand s'est constitué le champion au Parlement et hors du Parlement.

« Nous avons écarté de son intéressante proposition toutes les dispositions qui ne visaient pas directement la question de l'apprentissage et nous y avons ajouté une disposition qui, dans notre pensée, complétera efficacement la petite réforme, modeste en son principe, mais grosse de conséquences, dont nous le remercions d'avoir pris l'initiative et que nous vous demandons de consacrer par votre vote.

« Nous avons l'honneur, en conséquence, de vous proposer l'adoption de la proposition de loi dont la teneur suit :

« Article premier. — L'enseignement professionnel de la dentelle à la main sera organisé dans les écoles primaires de filles des départements où la fabrication est en usage et dans les écoles normales d'institutrices de ces mêmes départements. Ces écoles seront désignées par décret.

« Art. 2. — Il sera créé dans les principaux centres dentelliers des cours et des ateliers de perfectionnement ou des écoles propres à développer l'éducation artistique des ouvrières et des dessinateurs. »

Devant le Sénat, M. Charles Dupuy qui a toujours été un zélé défenseur de la dentelle à la main, ayant été chargé du rapport de la Commission sur la même question, trouvait encore de nouveaux arguments à ajouter à ceux de MM. Engerand et Vigouroux et obtenait le vote définitif de la nouvelle loi sur l'apprentissage. M. Dupuy s'exprimait ainsi :

« Messieurs,

« La Chambre des députés a adopté, dans sa séance du 16 juin 1903, après déclaration de l'urgence, une proposition de loi en deux articles, relative à l'apprentissage de la dentelle à la main.

« Cette proposition, dont l'auteur est M. Engerand, a été examinée à la Chambre des députés par la Commission du Commerce et de l'Industrie et a été rapportée par M. Louis Vigouroux. L'exposé des motifs du premier et le rapport du second sont de très complètes études auxquelles il est intéressant de se reporter.

« On y trouvera sur l'état de l'industrie dentellière en France, sur le caractère artistique de ses produits, sur ses nombreuses variétés, sur les avantages que sa fabrication faite à domicile assure à la famille rurale et sur la stabilité qu'elle lui donne, des renseignements qui attestent une connaissance approfondie du sujet. Auteur et rapporteur de la proposition s'étendent sur les conditions propres à maintenir et à développer la fabrication de la dentelle à la main ; ils réclament avec raison qu'elle soit protégée contre la concurrence de la dentelle à la mécanique qui peut s'offrir sur le marché sans attestation de nature et d'origine ; ils appellent de leurs vœux une législation tutélaire sur la propriété des modèles et dessins de fabrique, propriété insuffisamment garantie par la législation existante.

« On comprend cette insistance quand on considère qu'entre toutes les petites industries paysannes qui apportent un salaire d'appoint à la famille rurale, il n'en est pas de plus intéressante que la dentelle à la main.

« Le modeste salaire dû à la fabrication de la dentelle à la main, soit aux fuseaux, soit à l'aiguille, est l'indispensable complément du travail trop souvent insuffisamment rémunérateur de la terre et constitue une utile contribution de la femme aux dépenses du ménage, contribution gagnée sans sortir de la maison, ce qui est un point essentiel.

« Il est malaisé de chiffrer le salaire annuel que la fabrication de la dentelle peut procurer à une ouvrière. M. Engerand a essayé ce calcul pour le Calvados, mais en se référant à une époque déjà ancienne, aux environs de l'année 1851, alors que ce département comptait 50 000 dentellières. Il adopte d'autre part le chiffre moyen de 2 francs par journée.

« Or, rien n'est plus variable, comme il le dit lui-même, selon les temps et les régions : on trouve, en effet, des salaires qui descendent souvent au-dessous de un franc, même à 50 et 40 centimes, tandis que d'autres dépassent 2 et 3 francs, et que certains atteignent 5 francs. En disant qu'une ouvrière ordinaire peut se faire dans les 150 à 200 francs par an, on ne s'expose pas au reproche d'exagération et on justifie très exactement le caractère de « salaire d'appoint » que les économistes et les sociologues du Musée social attribuent au salaire de la dentellière manuelle. Si nous faisons application de ces chiffres de 150 à 200 francs au département de la Haute-Loire, dans lequel on s'accorde à compter environ 100 000 ouvrières dentellières, nombre admis par les Syndicats des fabricants, on arrive à un total de salaires de près de 15 à 20 millions de francs.

« M. Engerand est arrivé à 13 millions et demi pour 50 000 ouvrières avec le salaire de 2 francs : les deux totaux paraissent se correspondre avec assez de vraisemblance. Ils soulignent l'intérêt de la question soumise à votre examen; ils permettent de dire, sans exagération, que la fabrication dentellière est un obstacle pratique à la dépopulation des campagnes, en retenant au village nombre d'ouvrières que sans elle et sans le salaire qu'elles lui doivent, la ville attirerait et garderait. Si l'on considère d'autre part, que la dentelle à la main est un produit artistique, qui fait honneur à l'industrie française, on sera doublement porté à s'intéresser à sa fabrication et aux moyens de la sauvegarder.

« Or, il n'est pas de moyen plus sûr que d'assurer, dans

des conditions sérieuses l'apprentissage de la dentelle à la main, puisque le mal principal dont souffre cette industrie, c'est la décroissance du nombre des ouvrières, due en grande partie à l'absence d'un apprentissage méthodique et régulier.

« L'effet et la cause ont été constatés dans tous les départements qui, à des degrés divers, sont intéressés dans la question : le Calvados, la Corrèze, la Loire, la Haute-Loire, le Nord, l'Orne, le Puy-de-Dôme, la Haute-Saône et les Vosges.

« Les Conseils généraux de ces départements ont émis, à la session d'avril 1903, en termes identiques, des vœux tendant à ce que l'apprentissage de la dentelle à la main soit introduit dans les écoles primaires de jeunes filles. »

Le vœu du Conseil général des Vosges a fait l'objet d'un rapport de M. le docteur Soyer, dans lequel nous relevons le passage suivant :

Le docteur Soyer vise les industries qui font appel exclusivement à la main-d'œuvre féminine.

« Ce sont, dit-il, les industries de la dentelle et de la broderie, avec leurs genres variés et leurs modèles sans cesse renouvelés. Le vœu qui vous est soumis vise surtout la dentelle qui, de ces diverses industries féminines, est certainement la plus intéressante, la plus artistique, et peut-être aussi la plus compromise.

« C'est une industrie traditionnelle qui remonte, dans les Vosges, à trois ou quatre siècles, qui a survécu aux misères et aux ruines de la guerre de Trente ans et qui s'est perpétuée jusqu'à nos jours avec des fortunes diverses, en répandant l'aisance dans nos campagnes; industrie moralisatrice par excellence, qui se concilie avec les obligations de famille et avec le travail des champs, qui fixe la femme au foyer et, par cela même, contribue à retenir l'homme au village et à combattre l'action néfaste que la ville exerce sur eux. »

« Au Conseil général de la Corrèze, on souhaite que le point de Tulle revienne à la mode, comme au temps de Baluze et on attend une loi sur l'apprentissage qui en favorisera sérieusement la restauration.

« L'Orne demande qu'on sauve le point d'Alençon et le point d'Argentan.

« Le Conseil général du Calvados, sur la proposition de M. Ernest Flandin, vote un crédit d'encouragement aux apprenties dentellières et à leurs familles et institue un concours annuel entre les apprenties de seconde et de quatrième année, avec attribution aux plus méritantes de livrets de caisse d'épargne, décernés par moitié à l'élève et à la maîtresse.

« La proposition Engerand devait donc provoquer et a provoqué la sympathie et exciter l'attention de tous les dentelliers.

« Je citerai les délibérations des 3 février et 11 mars 1903 par lesquelles la Chambre de commerce de la Haute-Loire et la Chambre syndicale des fabricants de dentelle du Puy, suivie par la Chambre syndicale de Craponne, se sont associées expressément à cette proposition. Si je me rappelle l'adhésion de ces Compagnies, c'est parce que le département de la Haute-Loire, dans lequel la fabrication de la dentelle à la main a une existence plusieurs fois séculaire, renferme encore près de 100 000 ouvrières en dentelle, bien qu'il en ait perdu 30 000 depuis 1870. Les témoignages et les vœux qui en viennent, empruntent à ce nombre considérable et à ce caractère traditionnel une grande force.

« La Chambre syndicale du Puy, dans son vœu du 11 mars, affirme que l'organisation de l'apprentissage est le salut de l'industrie dentellière. Son président, M. Pierre Farigoule, universellement connu dans le monde de la fabrique, insiste sur la nécessité de faire commencer cet apprentissage dès l'école primaire : « Toute autre tentative d'apprentissage de dentelle à la main ne commençant pas par l'école primaire est destinée à rester sans aucun effet. »

« Cette opinion est celle de tous les hommes compétents. On peut en vérifier l'exactitude par l'expérience. Avant la loi du 28 mars 1882 sur l'enseignement primaire, l'école préparait au travail manuel de la dentelle et l'on pouvait dire qu'il y avait, dans toute école des pays intéressés, une sorte de classe de dentelles, s'appelant tantôt « ouvroir », tantôt « assemblée ».

« Assurément, il y avait là un excès, et, trop souvent, le travail manuel empiétait sur l'enseignement proprement dit et l'ouvroir sur l'école.

« Il n'était pas possible, dans une organisation rationnelle de l'enseignement primaire, de maintenir cette dualité ou cette coexistence de l'ouvroir et de l'école; celle-ci doit être autonome et indépendante.

« Mais il faut reconnaître que cette transformation nécessaire de la nature de l'école a fait tort à une industrie qui, comme celle de la dentelle, exige un apprentissage commencé dès l'enfance. Si l'apprentissage ne peut pas commencer avant l'âge de 13 ans, terme légal de la scolarité, il est absolument compromis, autant dire perdu.

« Il fallait donc trouver un moyen de faire coopérer l'école à l'apprentissage sans retomber dans les inconvénients que nous avons signalés, c'est-à-dire sans nuire aux études proprement dites.

« Une expérience se poursuit dans ce but dans le département du Nord, à Bailleul. Trop récente encore pour avoir pu donner des résultats, elle nous fournit cependant un excellent argument, ainsi qu'on en peut juger par la lettre ci-dessous que M. le Directeur de l'Enseignement technique au ministère du Commerce a adressée le 25 mars dernier à M. Louis Vigouroux, rapporteur de la proposition à la Chambre des députés.

Paris, le 25 mars 1905.

Monsieur le député,

Vous voulez bien me demander de vous donner des renseignements précis sur l'expérience qui a été tentée à Bailleul pour encourager l'apprentissage de la dentelle à la main.

Cet apprentissage, vous le savez, doit être commencé très jeune, alors que les enfants suivent encore les cours de l'école primaire.

Pour concilier cette nécessité avec l'obligation de la fréquentation scolaire, on décida de subventionner une maîtresse dentellière qui recevrait les jeunes enfants après la classe et le jeudi. La municipalité de Bailleul alloue une subvention de 150 francs à cette maîtresse, et le ministre du Commerce, de son côté, lui attribue une allocation de 20 francs par élève et par an.

Cette organisation remonte seulement à la fin de décembre 1902. Elle est donc de date trop récente pour qu'on puisse, dès maintenant, en apprécier les résultats.

Il convient donc d'attendre un peu pour juger l'expérience que nous tentons à Bailleul et que nous essayerons de réaliser ailleurs si elle réussit suffisamment.

Veuillez agréer, etc.

Le Conseiller d'État
Directeur de l'enseignement technique,

L. Bouquet.

« On remarquera dans cette lettre ces deux affirmations essentielles, que nous avons produites nous-même plusieurs fois : « Cet apprentissage doit être commencé très « jeune, » alors que les enfants suivent encore les cours « de l'école primaire. — Pour concilier cette nécessité « avec l'obligation de la fréquentation scolaire.... »

« Il ne s'agit ici de donner à l'apprentissage que le jeudi et les heures libres chaque jour après la classe. Le ministère de l'Instruction publique est plus large. Aux vœux de la Chambre de commerce de la Haute-Loire et de la Chambre syndicale des fabricants de dentelles du Puy demandant que des leçons d'apprentissage de la dentelle à la main soient données dans l'école même, comme le sont les leçons de couture, M. le directeur de l'enseignement primaire a répondu par la lettre suivante adressée au préfet de la Haute-Loire.

Paris, le 8 avril 1903.

Monsieur le Préfet,

J'ai pris connaissance de votre lettre du 28 mars dernier et du vœu qui l'accompagne.

Je vous prie de vous concerter avec M. l'Inspecteur d'Académie pour soumettre la question au Conseil départemental.

Je ne fais aucune objection à ce que les élèves des écoles publiques de filles soient exercées, en même temps qu'à la couture proprement dite, à la confection de la dentelle à la main, ainsi que le demandent la *Chambre syndicale des dentelles* et la *Chambre de commerce* de la ville du Puy.

Recevez, etc.,

Pour le ministre de l'Instruction publique et des Beaux-Arts,

Le Directeur de l'Enseignement primaire,

Signé : Gasquet.

« Ainsi donc, l'Administration de l'Instruction publique ne fait pas d'objection; elle rapproche tout naturellement l'exercice de la dentelle de celui de la couture déjà inscrit aux programmes scolaires; elle considère que c'est là une question d'aménagement intérieur, à déterminer par le Conseil départemental; elle admet cet essai de décentralisation scolaire, cette décentralisation consistant à adapter les exercices pratiques de l'École aux habitudes et aux besoins des populations et à combiner l'organisation générale de l'enseignement primaire avec la variété des intérêts régionaux.

L'article premier de la proposition trouve donc amplement dans ce qui précède sa justification. Il est ainsi conçu : « L'enseignement professionnel de la dentelle à la main sera organisé dans les écoles primaires de filles des départements où la fabrication est en usage et dans les écoles normales d'institutrices de ces mêmes départements. Ces écoles seront désignées par décret. »

« Comment appliquera-t-on cet article? De la manière la plus simple. En ce qui concerne les écoles primaires, la leçon de dentelles sera donnée soit par l'institutrice, soit par une personne compétente de la localité, désignée dans les mêmes conditions que la maîtresse de couture.

« En ce qui concerne l'École normale, on trouvera facilement au chef-lieu où l'École est installée, une dentellière experte offrant toutes garanties pour initier les élèves-maîtresses à un travail qu'elles auront à montrer elles-mêmes à leurs élèves quand elle seront institutrices. Il convient de remarquer que, soit à l'école primaire, soit à l'école normale, élèves et élèves-maîtresses seront vite pliées aux éléments d'un métier qu'elles voient exercer journellement autour d'elles et dont la famille leur offre de constants exemples. Ajoutons qu'à mesure que les institutrices auront reçu elles-mêmes les principes de l'art dentellier à l'école normale, elles l'enseigneront tout naturellement à leurs élèves et qu'ainsi le nombre des maîtresses prises en dehors de l'enseignement décroîtra graduellement.

« Il sera toutefois nécessaire, pour que l'apprentissage dont il s'agit se poursuive avec précision et régularité, qu'il ait une sanction dans l'examen du certificat d'études primaires élémentaires, au même titre que la couture qui donne lieu à une note spéciale : il faudra que la dentelle ait, elle aussi sa note spéciale.

« La question de l'apprentissage étant élucidée, il nous reste à parler de l'article 2 et dernier de la proposition de loi.

Cet article dû, à l'initiative propre du rapporteur de la Chambre des députés, M. Louis Vigouroux, est ainsi conçu :

« Il sera créé dans les principaux centres dentelliers des cours et des ateliers de perfectionnement ou des écoles propres à développer l'éducation artistique des ouvrières et des dessinateurs. »

« La proposition de loi ne s'en tient donc pas exclusivement à la question de l'apprentissage; elle prévoit une organisation professionnelle complète du métier artistique qu'est la dentelle à la main. Il est naturel, il est nécessaire qu'au dessus des écoles primaires et des écoles normales où l'étude de la dentelle ne pourra profiter que d'un temps restreint, — quelques demi-heures par semaine — il soit créé une sorte d'enseignement supérieur de la dentelle, sous la forme de cours, d'ateliers, d'écoles propres à développer, soit l'éducation artistique d'une élite d'ouvrières, soit celle des dessinateurs.

« Il faut observer à ce propos que la création projetée sera limitée aux centres dentelliers : la raison l'indique et la loi le dit expressément. En second lieu, il sera facile d'utiliser pour cet objet les organismes déjà existants, tels que : écoles primaires supérieures dans lesquelles s'affirme de plus en plus dans les programmes la spécialisation concordante avec les besoins et les intérêts régionaux; écoles nouvelles d'apprentissage; écoles de commerce et d'industrie.

« Il est bien évident que ce sont là autant de cadres préparés, autant de milieux propices à recevoir les cours et ateliers de perfectionnement dont l'industrie dentellière a besoin pour maintenir et développer la supériorité artistique qui fait partout rechercher ses produits et qui importe à la fois au bon renom et à l'intérêt de la France.

« Or, il n'est pas un des départements dentelliers où n'existe tel ou tel de ces organismes dont nous venons de parler, dans lesquels il sera très simple de faire à la dentelle à la main la place qu'elle mérite.

« L'Autriche-Hongrie nous a précédés dans cette voie, au cours de la crise dentellière qu'elle eût à subir il y a une vingtaine d'années. Où chercha-t-elle le remède au mal? Dans l'enseignement. « Des écoles professionnelles furent établies sur tous les points de l'Empire et il fut créé à l'École nationale d'art industriel un cours de dessin sur dentelles et un atelier modèle pour perfectionner la technique de l'aiguille et du fuseau. Des ouvrières choisies viennent apprendre à la grande école les procédés nouveaux; leurs frais de séjour sont assurés et, quand leur instruction est suffisante, elles retournent dans leurs villages et font profiter les autres du savoir qu'elles ont acquis. Les résultats obtenus ont été magnifiques et la dentelle à la main n'a rien à redouter de la concurrence du produit mécanique ».

« Voilà ce que la France doit faire à son tour.

« Mais, si votre Commission estime qu'il est très utile d'ouvrir des cours et ateliers de perfectionnement pour les dentellières, elle considère qu'il est un but encore plus important à poursuivre, à savoir de former des dessinateurs d'art, inventifs et habiles, chargés de fournir à l'industrie dentellière, ce qui lui manque trop et tend chaque jour à lui manquer davantage, des dessins originaux et bien conçus.

« En résumé, l'industrie de la dentelle à la main demande et mérite aide et protection ; la meilleure manière de la secourir c'est de lui garantir l'apprentissage à l'école primaire et à l'école normale, et de lui donner, par les cours supérieurs et les ateliers spéciaux, les moyens de perfectionner sa main-d'œuvre et de former les dessinateurs dont elle a un absolu besoin.

« Si l'institution des cours et ateliers de perfectionnement demande du temps et aussi des pourparlers et une entente entre l'Etat, les départements et communes intéressées, les mesures relatives à l'apprentissage dans l'école peuvent être prises dès la rentrée des classes, dans autant d'écoles que le ministre de l'Instruction publique, après avis du Conseil départemental, estimera utile d'en désigner par le décret prévu à l'article premier.

« Convaincu de l'utilité de l'ensemble des mesures prévues et de l'heureuse influence qu'elles auront sur la prospérité d'une industrie digne à tous égards d'aide et d'encouragement, votre Commission a l'honneur de vous demander de voter la proposition de loi sur laquelle s'est prononcé la Chambre des députés. »

Le Sénat a adopté cette loi ; mais pour couronner et compléter les efforts et encouragements officiels qui, s'ils peuvent avoir une influence décisive sur la fabrication, sont évidemment impuissants à activer la vente des dentelles, M. Engerand, dans une conférence faite au Musée social, émettait l'avis très pratique qu'il conviendrait de constituer en France un comité de patronage de la dentelle, principalement recruté parmi les femmes du monde, seules capables à l'heure actuelle de reconquérir quelque influence sur la direction générale de la mode.

Bien convaincues de l'utilité morale et sociale de l'industrie dentellière, ces dames patronnesses feraient en sa faveur, dans leur monde et près des artisans immédiats de la mode, la plus chaleureuse propagande, prêchant d'exemple en se faisant une règle de ne porter que des dentelles à la main. Pour le choix d'une toilette, elles donneraient des ordres au lieu de solliciter des avis souvent intéressés. La dentelle ainsi défendue et protégée redeviendrait vite prospère.

Fig. 69. — Tétière en filet brodé, exécutée dans le Calvados.

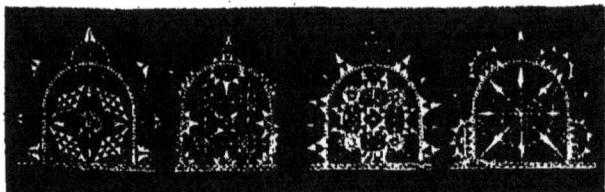

Fig. 70. — Point de Venise xvi⁰ siècle).

LES DENTELLES ITALIENNES

Venise a été le berceau de la dentelle. Il y court sur l'origine des dentelles aux fuseaux une si jolie légende, que nous ne savons résister au plaisir de la raconter à nos aimables lectrices.

Un jeune pêcheur de l'Adriatique était fiancé à la plus belle fille d'une des îles de la lagune. La jolie fiancée avait fait à son futur un filet de pêche qu'il emporta à la mer, et la première fois qu'il s'en servit, il rapporta du fond des eaux une superbe algue pétrifiée qu'il s'empressa d'offrir à sa bien-aimée. Tout à coup, la guerre éclate et le jeune marin est obligé de partir vers les rives d'Orient.

La pauvre fiancée pleure et passe, tout en tressant les mailles de ses filets, des jours entiers à contempler la belle algue, qui est son dernier gage d'amour. En regardant ses délicates nervures, reliées de fibres si légères, elle tresse toujours les fils, terminés par de petits plombs qui pendent autour du filet qu'elle prépare : peu à peu, ses doigts agiles reproduisent avec ces fils le dessin de l'algue. Elle réussit bientôt à la copier et invente ainsi la dentelle aux fuseaux.

En même temps que les fuseaux, l'aiguille produisait aussi des merveilles à Venise. C'était, n'en déplaise aux dames, pour les hommes que l'on travaillait surtout au début, afin d'orner leurs costumes de cour, ou d'exécuter des aubes ou des rochets pour les prélats. On faisait des cols, des rabats ou des manchettes. L'histoire mentionne que Louis XIV paya une seule garniture plus de 250 écus d'or. Les ouvrières, véritables artistes, étaient d'ailleurs passionnées pour leur travail ; certaines d'entre elles, ne trouvant pas de crins assez beaux pour mettre sous leurs festons, y employaient, paraît-il, leurs propres cheveux.

La colère des représentants de la République de Venise fut terrible quand ils s'aperçurent que des ouvrières allaient exercer leur métier en France. On considéra cet acte comme un véritable crime d'État, et les doges n'hésitèrent pas, pour se venger, à emprisonner les parents de celles qui étaient ainsi parties ; on désigna mêmes des émissaires pour les mettre à mort partout où on les rencontrerait.

Voici le décret rendu à ce sujet par le Sénat :

« Si quelque ouvrier ou artiste transporte son art en pays étranger, au détriment de la République, il lui sera envoyé l'ordre de revenir ; s'il n'obéit pas, on mettra en prison ceux qui lui appartiennent de plus près, afin de le déterminer à l'obéissance par l'intérêt qu'il leur porte ; s'il revient, le passé leur sera pardonné, et on lui procurera un établissement à Venise ; si malgré l'emprisonnement de ses parents, ils s'obstine à demeurer chez l'étranger, on chargera quelque émissaire de le tuer, et après sa mort, ses parents seront mis en liberté. »

Nos mœurs et celles de l'ancienne République de Venise se sont heureusement adoucies ; la concurrence commerciale se développe aujourdhui sans encourir d'autres châtiments que les tarifs douaniers. Ainsi les moyens de répression changent ; la lutte reste la même.

L'époque du véritable luxe dans la République de Venise n'est pas, comme on pourrait le croire, le XVIIe siècle, mais la fin du XVe siècle et surtout le XVIe siècle, la richesse des patriciens est arrivée à son apogée à cette époque.

Nous voyons des artistes du plus haut mérite se vouer à la composition des dessins ou patrons : le neveu de Titien a laissé une collection célèbre en ce genre ; on faisait spécialement des dentelles pour les princesses du sang, pour les dames les plus illustres, pour les reines, et aujourd'hui les exemplaires de ces curieux ouvrages se payent leur pesant d'or.

Le point de Venise a donc dans le monde entier une réputation considérable.

Le caractère de cette dentelle consiste dans des reliefs figurant des ornements pleins ou à jour, modelés avec art et disposés en fleurs fantastiques d'un jet très large dont les épanouissements sont reliés par des brides et des barrettes très délicates. Ce genre est un des plus beaux par la somptueuse élégance de ces reliefs qui en font comme une sculpture pleine de velouté.

Cependant lorsque l'intelligente initiative de Colbert parvint à former des ouvrières, lorsque les grands artistes français ne dédaignèrent pas de dessiner les dentelles exécutées à Alençon et à Argentan, le sceptre de la mode échappa à l'Italie. Depuis le milieu du xviie siècle l'art y resta stationnaire et on peut affirmer que l'on n'y créa plus pour ainsi dire de dessins nouveaux, à l'exception des mauvaises copies de dessins français. Voici pourquoi de nos jours on peut faire, en quelques mots, le plus grand éloge des ouvrières dentellières italiennes et la plus grande critique des fabricants qui les emploient en constatant que ces fabricants sont passés maîtres dans l'art de faire des dentelles neuves, qui ont absolument l'aspect de dentelles anciennes.

Est-ce chez eux un parti pris ou cèdent-ils aux désirs de certains intermédiaires, parfois peu scrupuleux, qui n'hésitent pas à y ajouter artificiellement quelques trous et beaucoup d'usures? Toujours est-il que les plus experts sont souvent embarrassés.

D'un autre côté, cela est certainement la preuve que les ouvrières ont conservé beaucoup des bonnes traditions du passé, mais il est fâcheux de ne pas savoir mieux les diriger, car, si le public venait à se fatiguer de ces maladroites copies, qu'adviendrait-il de l'industrie dentellière italienne?

On fait à Venise, dans ses environs, et surtout à Burano, petite île située à quelques kilomètres dans les lagunes, beaucoup de dentelles à l'aiguille. Il existe là une école dentellière, protégée par la reine, d'où sortent les meilleures ouvrières.

Les principales dentelles fabriquées en Italie sont les points de Venise, guipures à barrettes picotées et à dessins ornés de fleurs ornementales brodées de très gros reliefs.

On appelle Point de Rose une variété du point de Venise à petits motifs très fins surchargés de très légères rosettes en relief.

Les autres dentelles à l'aiguille sont des copies de nos Points d'Alençon, d'Argentan ou Points de France, copies très imparfaites, car les ouvrières italiennes n'ont jamais réussi nos mailles hexagonales festonnées, si solides et en même temps si légères et si transparentes. Les jours sont presque toujours monotones, les fabricants italiens s'ingéniant surtout à *industrialiser* leur production et à obtenir des résultats économiques en variant le moins possible le travail de leurs ouvrières.

Les dentelles italiennes aux fuseaux se font aux environs de Gênes, de Milan, et principalement de Cantu. Ce sont des guipures, caractérisées surtout par le type à rinceaux ; les fleurs ornementales sont plates, travaillées en toile serrée, percées de temps à autre de petits trous.

Quant, au XVIIIe siècle, la mode des réseaux envahit tout, on continua les rinceaux fleuris, mais on remplaça les fonds à barrettes par des fonds à mailles régulières, beaucoup moins pittoresques. C'est à tort que l'on a appelé ces dentelles *Point de Milan* ou Point de Gênes, le mot *Point* étant ordinairement employé pour désigner des dentelles à l'aiguille, et non des dentelles exécutées aux fuseaux.

On fait également en Italie une assez grande quantité de broderie sur filet.

En résumé, quels que soient les travaux exécutés à notre époque et même depuis un siècle soit à Venise, soit à Burano, aux environs de Gênes ou de Milan, les Italiens ne visent qu'à copier plus ou moins bien les dessins anciens et à donner à leurs dentelles l'aspect de vieilles dentelles.

Il est certain que beaucoup de collections sont malheureusement composées de ces dentelles italiennes modernes. Les Américains, surtout depuis trente ans, ont acheté une quantité considérable de ces mauvaises copies des beaux modèles anciens et les magasins de curiosités en sont amplement garnis.

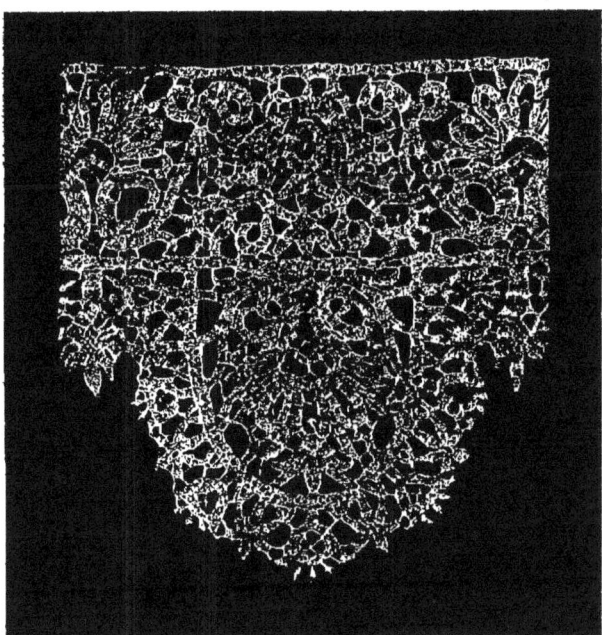

FIG. 71. — Guipure. Point de Gênes, XVIIᵉ SIÈCLE, exécuté aux fuseaux.

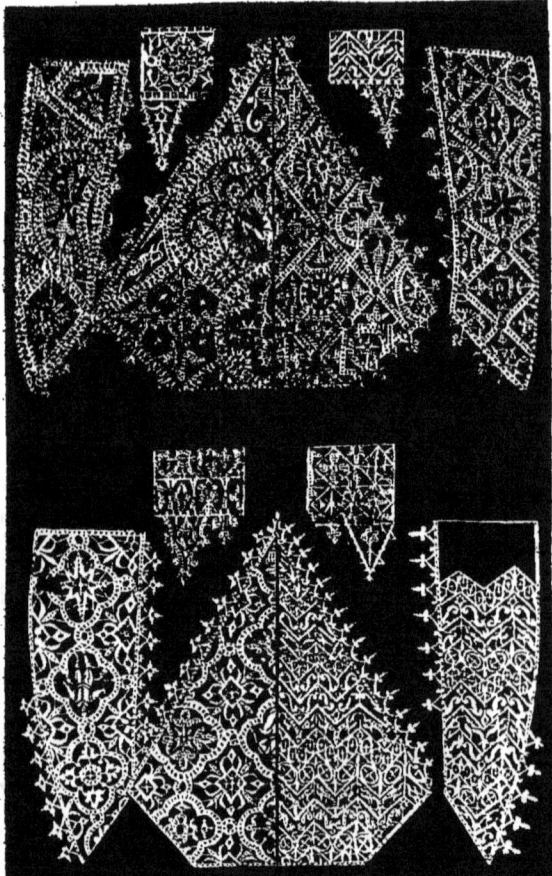

FIG. 72 et 73. — POINTS DE VENISE EXÉCUTÉS A L'AIGUILLE.

(Pendant le xvi⁰ siècle, les dessins de Venise sont réguliers et géométriques; les dessins fleuris irréguliers ne commencent à paraître qu'à la fin du xvi⁰ et surtout au xvii⁰ siècle).

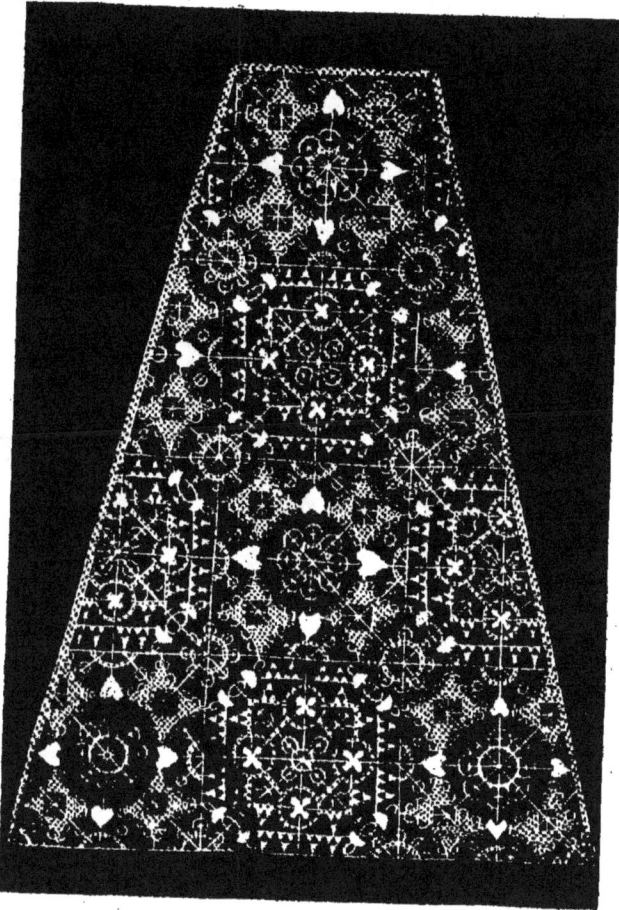

Fig. 74. — POINT DE VENISE EXÉCUTÉ A L'AIGUILLE.

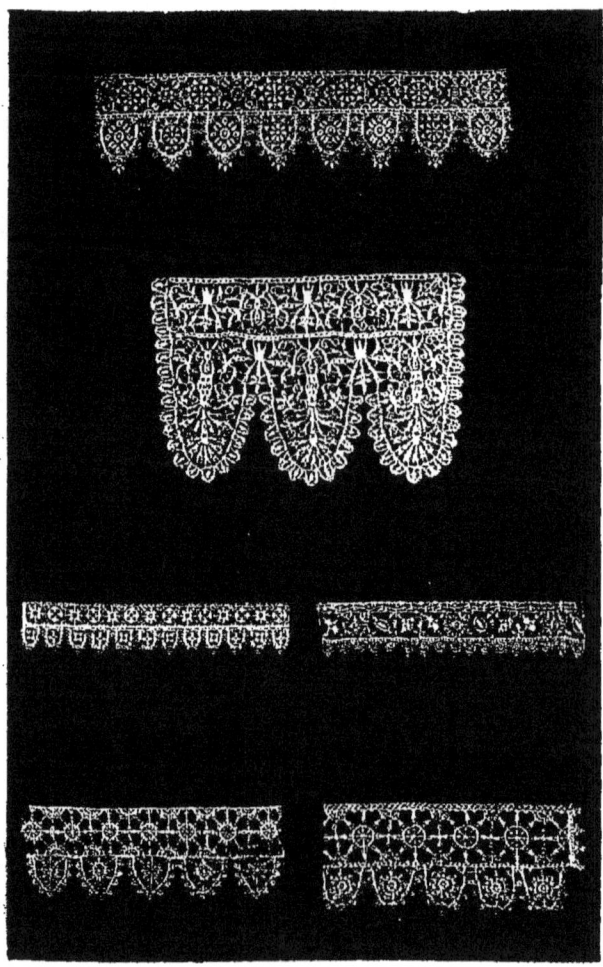

Fig. 75. — POINTS DE VENISE XVIᵉ ET XVIIᵉ SIÈCLE EXÉCUTÉS À L'AIGUILLE.

FIG. 76. — POINT DE VENISE XVIIe SIÈCLE EXÉCUTÉ A L'AIGUILLE.
(Il y a une grande analogie entre les Points de Venise du XVIIe siècle
et les Points Colbert de la même époque).

XVIIᵉ ET XVIIIᵉ SIÈCLES.

DENTELLES ITALIENNES.

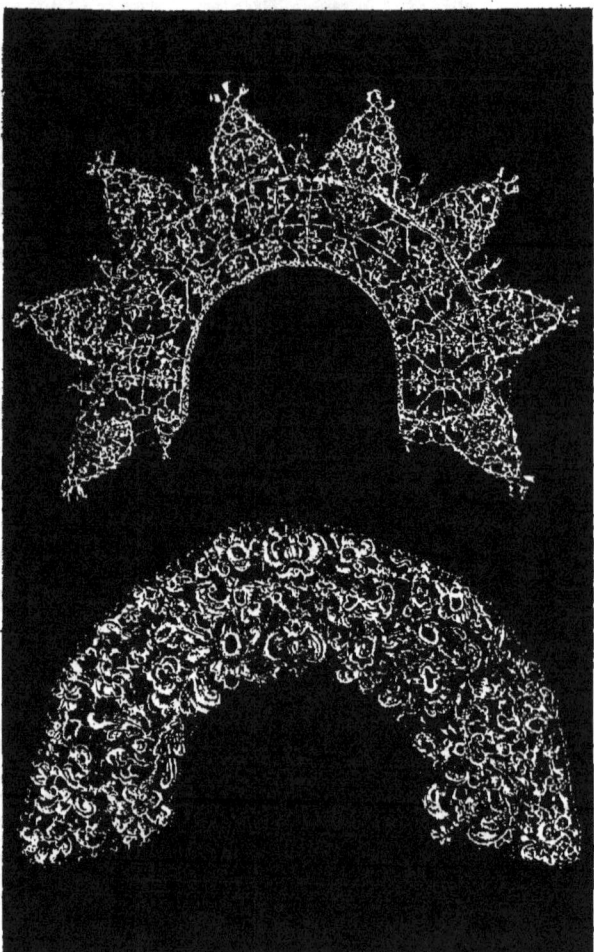

Fig. 77 et 78. — COLS EN DENTELLE DE VENISE.
Exécutés à l'aiguille.

146 DENTELLES ITALIENNES. XIXᵉ SIÈCLE.

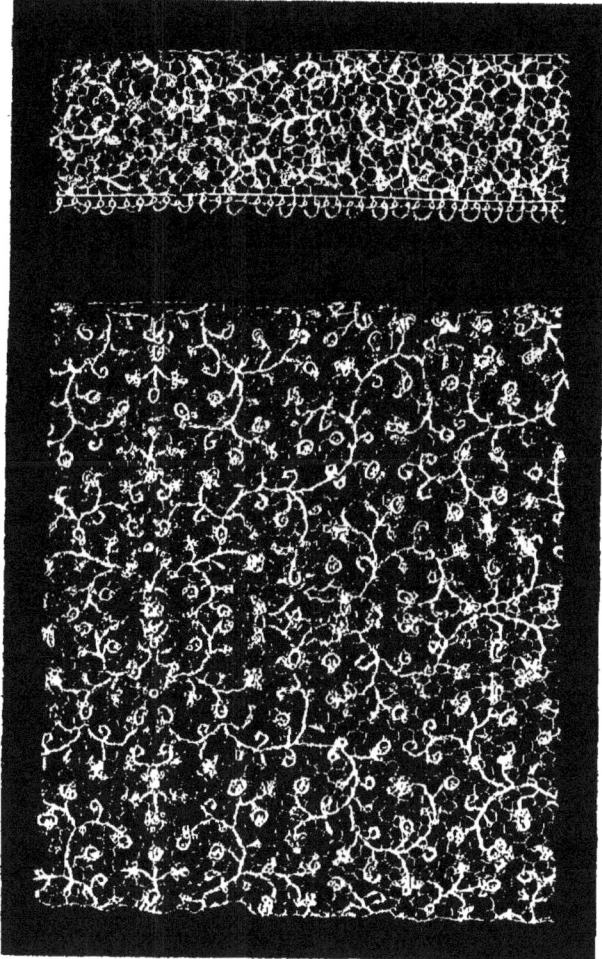

FIG. 79 et 80. — POINT DE ROSE ITALIEN, TRAVAIL A L'AIGUILLE.
(Dès le commencement du XIXᵉ siècle, les italiens font des copies des dessins
anciens qui avaient été exécutés dans les siècles précédents.)

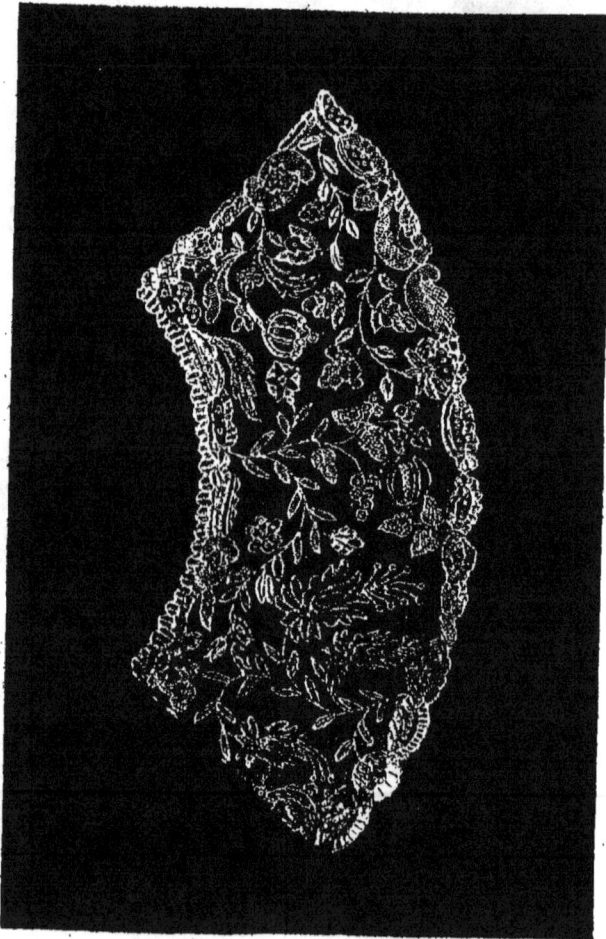

Fig. 81. — COPIE MODERNE DE POINT D'ALENÇON ANCIEN.
Exécutée à l'aiguille, copie italienne.

Fig. 82. — COPIE MODERNE D'UN POINT DE SEDAN ANCIEN, EXÉCUTÉE EN ITALIE, TRAVAIL A L'AIGUILLE.
(Dès le commencement du XIXe siècle, les italiens s'efforcent de copier les anciens dessins des dentelles françaises du XVIIe et XVIIIe siècles).
Fig. 83. — COPIE MODERNE D'UN POINT D'ALENÇON ANCIEN, EXÉCUTÉE EN ITALIE, TRAVAIL A L'AIGUILLE.

Fig. 84. — POINT DE GÊNES EXÉCUTÉ AUX FUSEAUX.

XVIIIᵉ SIÈCLE.   DENTELLES ITALIENNES.   151

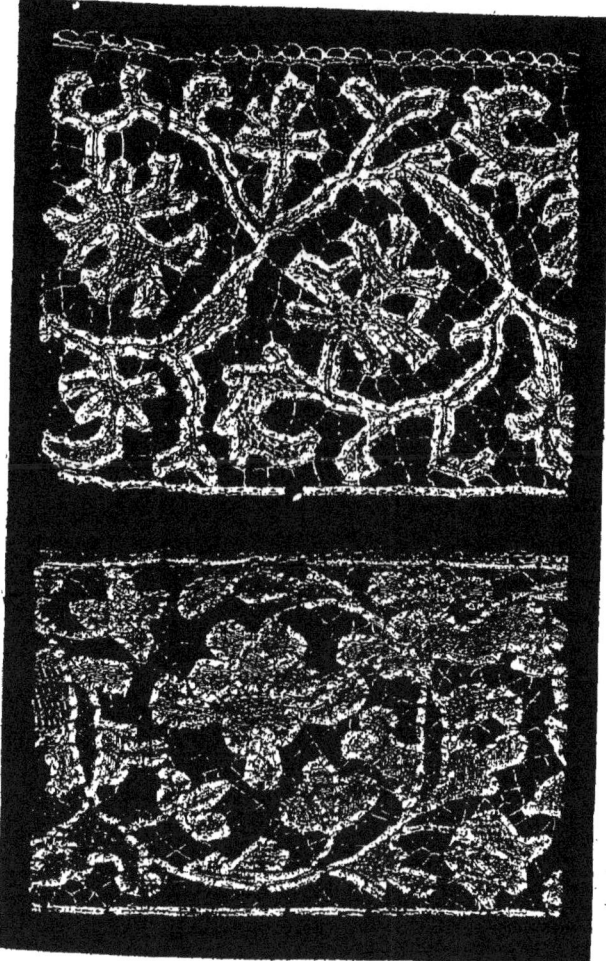

Fig. 85 et 86. — POINTS DE GÊNES EXÉCUTÉS AUX FUSEAUX.

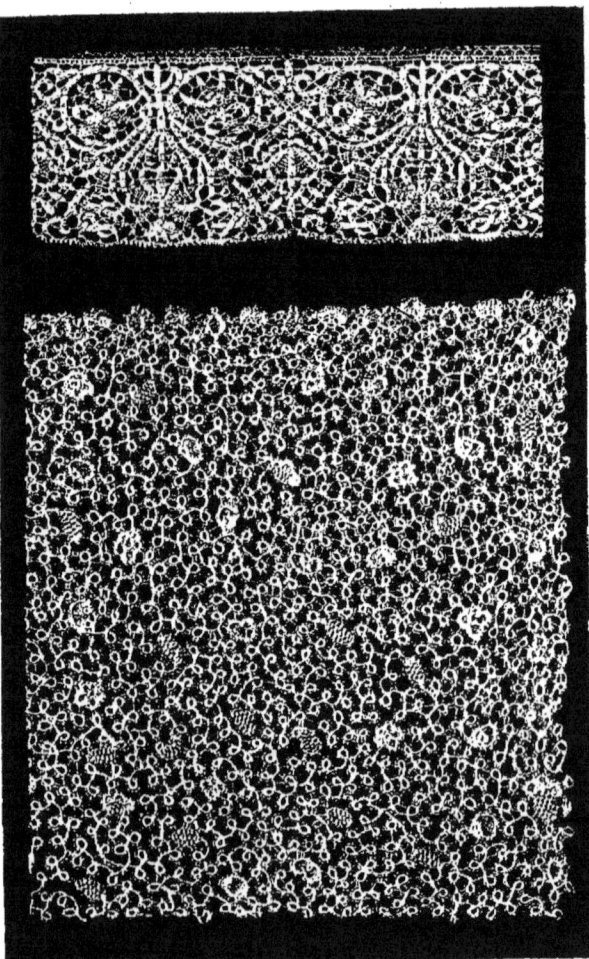

Fig. 87 et 88. — POINTS DE GÊNES EXÉCUTÉS AUX FUSEAUX.

XVIIIᵉ SIÈCLE. DENTELLE ITALIENNE. 155

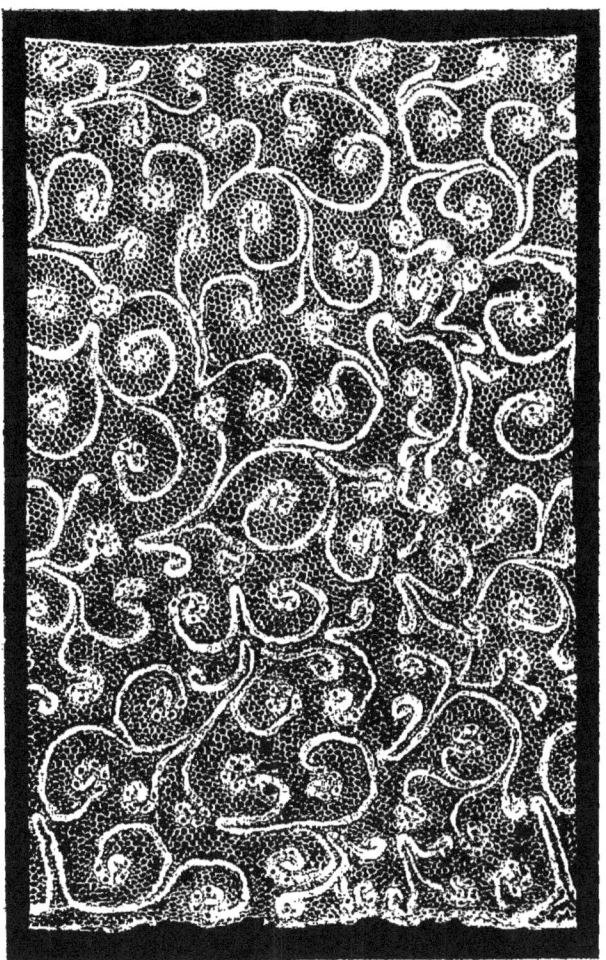

FIG. 89. — POINT DE MILAN EXÉCUTÉ AUX FUSEAUX.

Fig. 90. — MAUVAISE COPIE MODERNE, D'UN DESSIN DE POINT D'ALENÇON, EXÉCUTÉE EN ITALIE.

Fig. 91. — ORIGINAL DU DESSIN POINT D'ALENÇON.

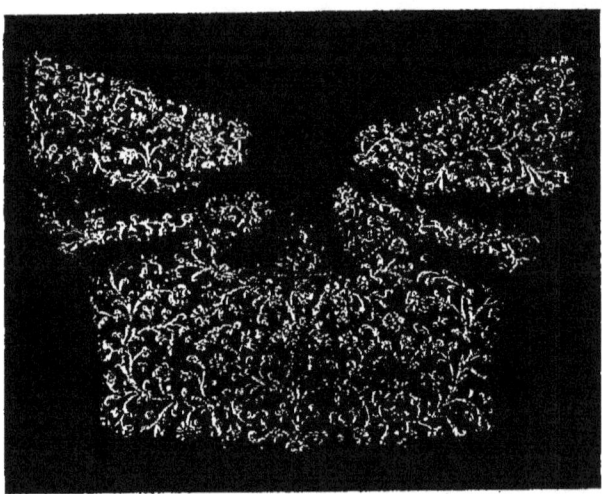

Fig. 92. — Col en point de Venise. (xviie siècle.)

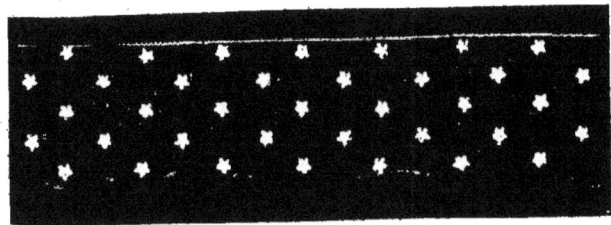

Fig. 03. — Véritable réseau. (xviiie siècle.)

LES DENTELLES BELGES.

Les dentelles de Belgique ont une très grande réputation et les Flandres ont produit des dentelles aux fuseaux des plus remarquables. Leur fabrication dans ces pays n'a pas eu à subir les crises qui, par suite des événements politiques, ont atteint si gravement à certaines époques la France et l'Italie. Au contraire, au moment de la Révolution française, beaucoup d'ouvrières ont émigré en Belgique, dévoilant à nos voisins certains secrets de fabrication qui sont devenus depuis pour eux une source de richesse.

La Belgique occupe un très grand nombre d'ouvrières dentellières. Quelques-unes sont d'une grande habileté.

A notre époque, ce pays fait à la France, avec certaines dentelles bon marché, comme les guipures, une concurrence d'autant plus redoutable que le salaire demandé par ses ouvrières est moins élevé. Cela tient à ce que la vie y est à meilleur compte, et que l'impôt journalier, qui frappe chez nous même des objets de première nécessité, y est moins lourd.

Certaines dentelles, comme les Valenciennes, les Malines, les Applications d'Angleterre, les Points à l'Aiguille, sont presque exclusivement fabriquées en Belgique.

Il est fort regrettable qu'on ne puisse former en France des ouvrières pour exécuter ces divers genres qui sont d'un grand usage. A quoi faut-il attribuer l'insuccès des rares efforts qui ont été tentés dans cette voie à notre époque? La modicité des salaires de nos concurrents est certainement peu encourageante, mais on surmonterait cet obstacle, si l'apprentissage était mieux compris et mieux protégé en France.

Des écoles dentellières très nombreuses existent en Belgique à côté de chaque classe enfantine; ainsi la tradition ne se perd pas, et l'on maintient chez la femme le goût des travaux d'art à l'aiguille et aux fuseaux. Les communes, en Belgique, entretiennent souvent à leurs frais les maîtresses d'ouvrages; la reine et beaucoup de châtelaines se sont intéressées à ces écoles.

Les principales dentelles belges à l'aiguille sont les Points à l'Aiguille, désignés aussi sous le nom de Points Gaze. Ce sont des dentelles à mailles fines hexagonales, dont les fleurs et les réseaux sont exécutés à l'aiguille comme les Points d'Alençon français. Ils ont avec eux une certaine analogie; mais ils en diffèrent essentiellement en ce que le réseau n'est pas festonné, que les reliefs des fleurs ne contiennent pas de crins et qu'ils sont exécutés en coton. Ils ont donc une résistance et une solidité beaucoup moins grande, une netteté de dessin bien moins précise; par suite, leur prix est plus abordable pour toutes les bourses. Néanmoins, les jours en sont souvent très soignés, les fleurs bien nuancées et l'effet très séduisant.

Le dessin des anciens Points à l'Aiguille est presque toujours ornemental, laissant peu de place aux réseaux, ce qui les fait souvent ressembler à un papier découpé. On est revenu, de nos jours, au style fleuri, aux guirlandes et aux semés légers, qui font des Points à l'Aiguille, des dentelles à la fois riches et légères très appréciées pour les corbeilles de mariage, parce que leur emploi est charmant pour les robes de mariée ou de soirée.

Les principales dentelles belges aux fuseaux sont les Applications, les Valenciennes, les Malines, les dentelles de Grammont, toutes les dentelles des Flandres, Bruges, Duchesse, Binches, Trianon, les points de Paris et toutes les guipures blanches analogues à celles faites dans la Haute-Loire.

Les Applications d'Angleterre sont faites avec des fleurs exécutées soit aux fuseaux, soit à l'aiguille, appliquées ensuite sur un tulle à réseaux. Ce réseau se faisait, à partir de l'époque Louis XV, aux fuseaux, en fil de lin très fin, par bandes étroites que l'on réunissait ensuite pour obtenir des largeurs différentes; ces tulles avaient une souplesse absolue, un moelleux inimitable et une nuance crème très seyante au teint des femmes; de là est venue sans doute la mode, un peu ridicule, de tremper les dentelles dans du thé ou autre produit analogue qui salit et abîme les dentelles et ne leur donne qu'une ressemblance très lointaine avec le lin naturel.

Il n'y a plus aujourd'hui d'ouvrières capables de faire ce vrai réseau et ceci explique pourquoi les derniers spécimens de ces dentelles sont très appréciés par les collectionneurs. Le tulle mécanique a remplacé le réseau ; les Applications sur tulle ont baissé considérablement de prix mais y ont perdu la plus grande partie de leur charme.

Néanmoins on refait maintenant quelques jolis points d'Angleterre sur réseau véritable, mais ce réseau est fait entièrement à l'aiguille et non aux fuseaux.

Les Valenciennes n'ont reçu leur appellation définitive qu'au XVIII° siècle, car au temps de Colbert le centre de cette manufacture était au Quesnoy. Le réseau de la Valenciennes est une maille carrée très régulière, transparente et d'un travail natté fort solide. Les fleurs et le fond sont travaillés aux fuseaux en même temps et du même fil. Les Valenciennes n'ont aucun relief, aucun feston, ce qui en facilite beaucoup le lavage; elles passent mieux qu'aucune autre dentelle, sous le fer à repasser, et c'est en partie à cette qualité précieuse qu'elles doivent d'être employées surtout à garnir le linge : les élégants déshabillés des duchesses et des marquises du XVIII° siècle en étaient ornés de ravissantes. Jusqu'à la Révolution, la ville de Valenciennes a été, après Le Quesnoy, le centre de cette fabrication ; la Belgique l'a accaparée aujourd'hui et le commerce de ce genre de dentelles est surtout très actif entre Poperinghe, Courtrai et Gand ; Ypres fait les plus fines.

Malgré la très grande concurrence de la machine qui a copié la Valenciennes au point de tromper même les personnes les plus expertes, cette fabrication est restée très active en Belgique, parce que cette dentelle appelée surtout à garnir du linge supporte admirablement les blanchissages auxquels la dentelle imitation ne peut résister.

On fait aussi en Belgique, depuis une trentaine d'années, des Valenciennes dites Valenciennes Brabant, dont le réseau et les fleurs s'exécutent séparément. Ce procédé est plus coûteux, mais il permet de faire des dessins très compliqués ou des grands objets inexécutables par bandes. Les Valenciennes Brabant, plus riches que les Valenciennes ordinaires, s'emploient spécialement pour les robes légères.

La dentelle de Malines est également une des plus jolies dentelles belges. Elle a toujours eu une réputation méritée : c'est une dentelle très légère, très vaporeuse, dont le mat des fleurs est entouré d'un fil plat un peu brillant qui accentue le dessin et lui donne comme un aspect soyeux. La Malines se fait tantôt avec un fond de mailles, tantôt avec un fond très riche appelé point de neige.

Les dessins, selon les époques, sont très chargés, couvrant presque complètement le fond, ou au contraire très légers, formés seulement de petits semés fleuris. Malheureusement on abandonne peu à peu la fabrication de la Malines, car la machine l'a si bien copiée qu'elle lui fait un tort considérable.

Le point de Paris est un genre de Malines plus commun exécuté avec un plus gros fil. Son nom lui vient de ce que cette dentelle fut jadis fabriquée à Paris au faubourg Saint-Antoine, sous la direction d'une dame Dumont, originaire de Bruxelles; cette dame était venue comme nourrice du comte de Marsan, dernier fils du comte d'Harcourt, puis s'était établie fabricante de dentelles.

Les dentelles de Grammont sont des dentelles noires ou blanches exécutées comme les Chantilly ou les dentelles de Bayeux : leur fabrication, d'un prix un peu moins élevé que les dentelles françaises, est très inférieure comme qualité.

Les dentelles de Bruges, les Duchesses, les dentelles

Binches et Trianon, classées sous le nom général de dentelles ou guipures des Flandres, ont eu au xviie et au xviiie siècle une très grande réputation et peuvent encore, de nos jours, être classées parmi les plus jolies dentelles. Ces dentelles sont faites en deux fois, les fleurs d'abord, ensuite les barrettes ou les réseaux. La division de leur fabrication a permis de faire de très grandes pièces et de très hauts volants. On retrouve des aubes et des rochets de prêtres et d'évêques, ainsi que des garnitures d'ameublement exécutés dans ces dentelles qui sont d'une beauté rare.

Mais aux anciennes époques, et de nos jours encore, les dessins des dentelles ont été surtout fournis aux ouvrières belges par la France : il est incontestable que les belles pièces anciennes ont été souvent dessinées par des artistes français et qu'à notre époque l'exécution des plus jolies dentelles est inspirée par des fabricants français qui dirigent et font travailler un grand nombre d'ouvrières belges et ont réalisé beaucoup des progrès faits en Belgique.

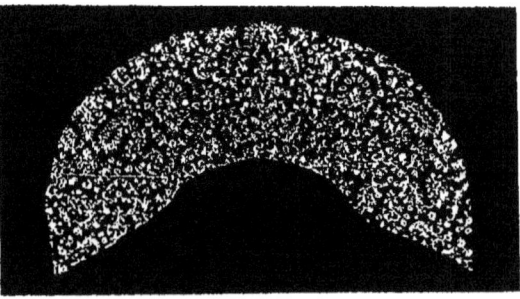

Fig. 94. — Col en dentelle de Flandres. (xviiie siècle.).

Fig. 95. — COUVRE-LIT EN FILET.

Fig. 96. — DENTELLE BINCHES EXÉCUTÉE AUX FUSEAUX.

Fig. 97. — DENTELLE BINCHES EXÉCUTÉE AUX FUSEAUX.

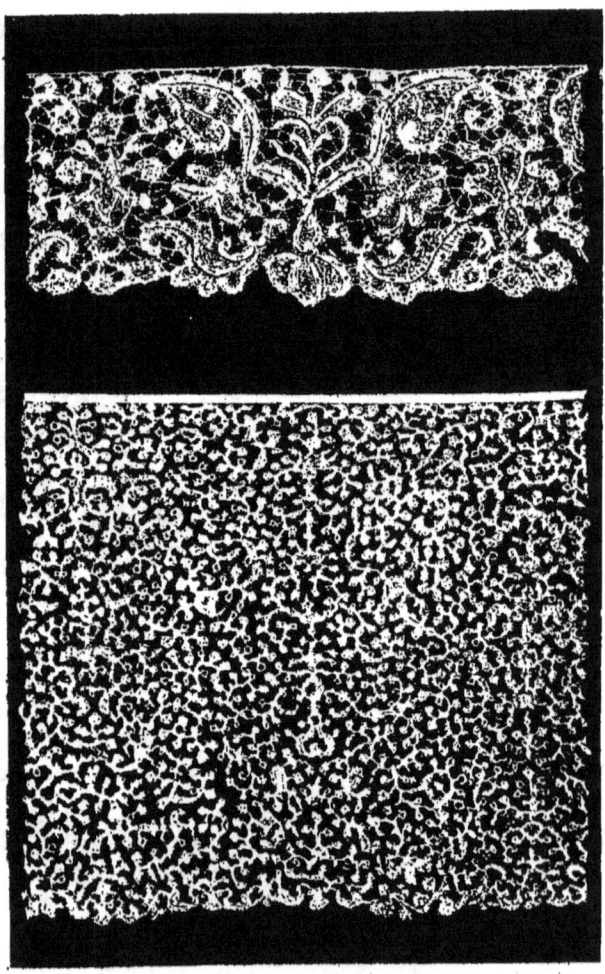

Fig. 98 et 99. — POINTS DE FLANDRES
exécutés aux fuseaux.

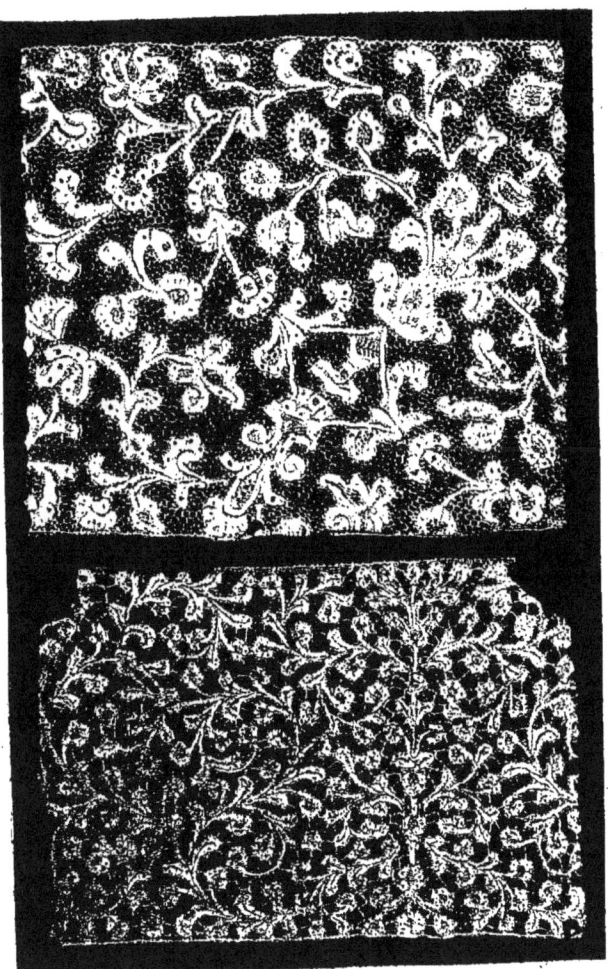

Fig. 100 et 101. — DENTELLES DE FLANDRES A MAILLES ET BARETTES
exécutées aux fuseaux.

DENTELLES BELGES (XVIIIᵉ SIÈCLE).

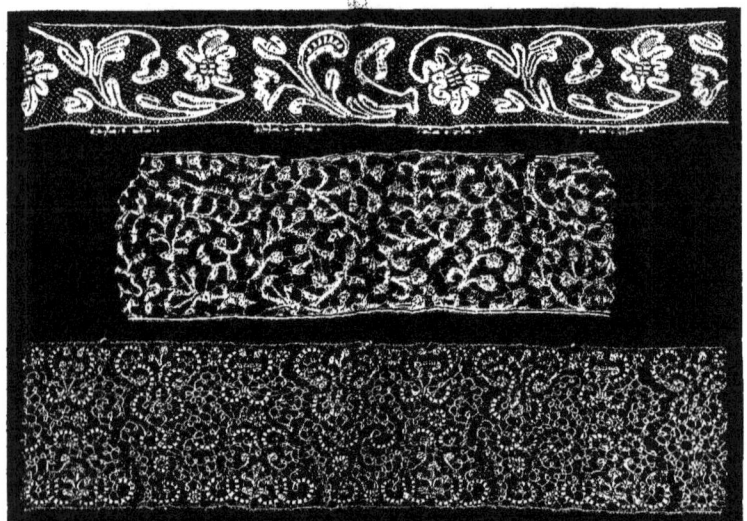

FIG. 102 à 104. — POINTS DE FLANDRES EXÉCUTÉS AUX FUSEAUX.

Fig. 105. — DENTELLE DUCHESSE EXÉCUTÉE AUX FUSEAUX.

XIXᵉ SIÈCLE.   DENTELLE BELGE.   171

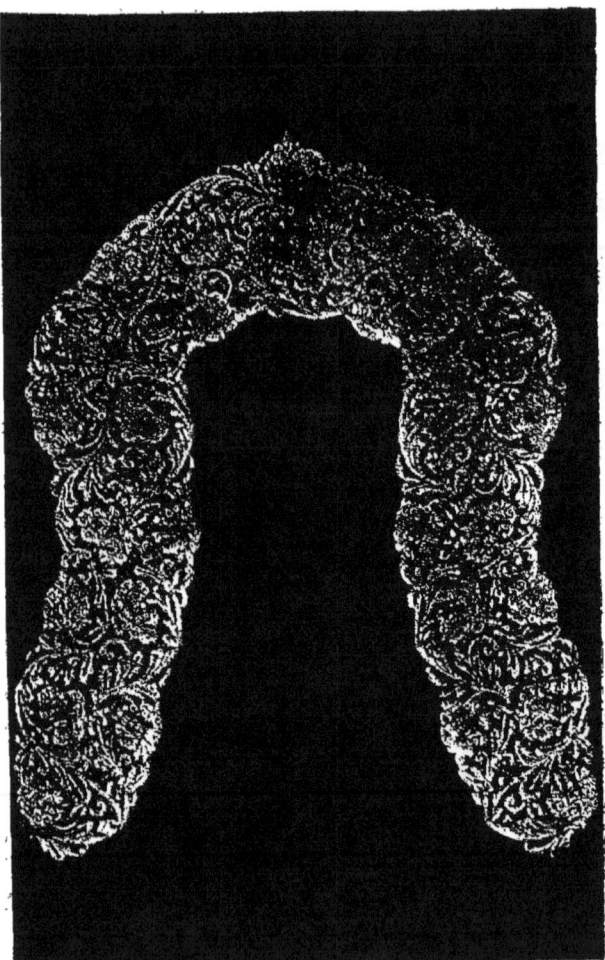

FIG. 106. — COL EN POINT DE FLANDRES EXÉCUTÉ AUX FUSEAUX.

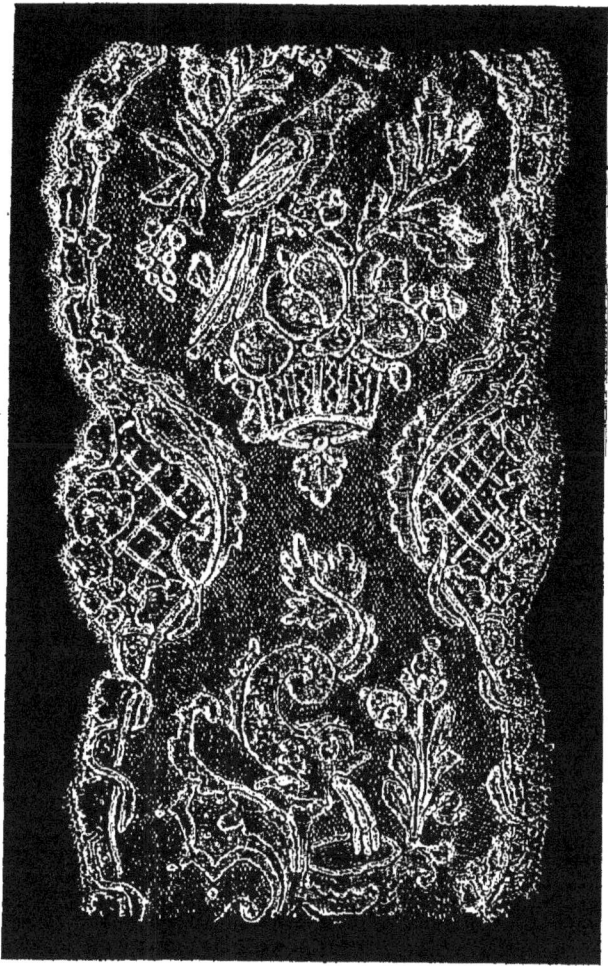

Fig. 107. — FRAGMENT D'UNE BARBE EN MALINES
exécutée aux fuseaux.

Fig. 108 et 109. — DENTELLES MALINES EXÉCUTÉES AUX FUSEAUX.

Fig. 110 à 112. — POINTS DE PARIS
exécutés aux fuseaux.

(Le Point de Paris après avoir été exécuté en France n'est plus fabriqué
qu'en Belgique depuis le xix° siècle.)

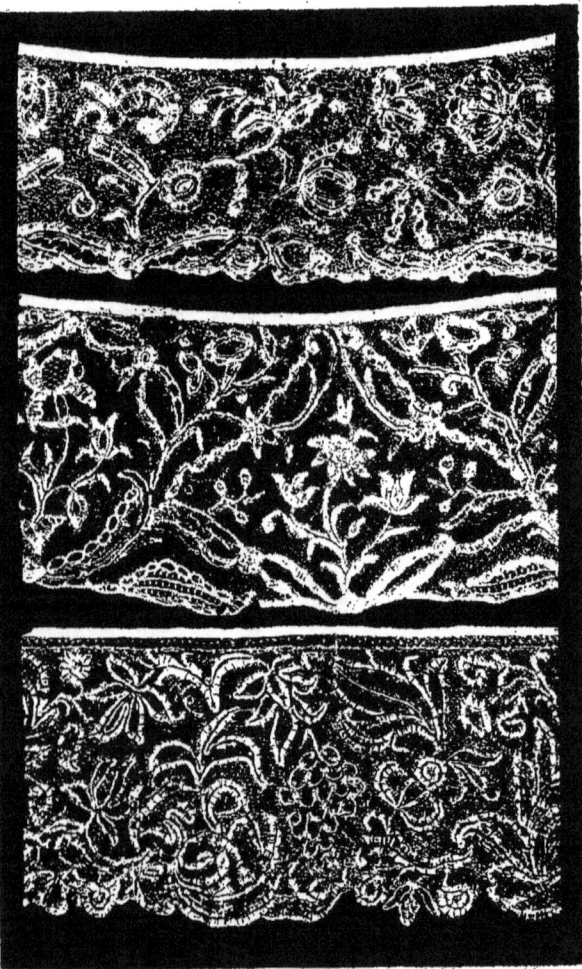

Fig. 113 à 115. — POINTS D'ANGLETERRE SUR VRAI RÉSEAU.
exécutés aux fuseaux.

(Le point d'Angleterre tire son nom de la vogue que cette dentelle a eue
en Angleterre aux XVII° et XVIII° siècles.)

Fig. 116 et 117. — POINTS D'ANGLETERRE. TRAVAIL AUX FUSEAUX.

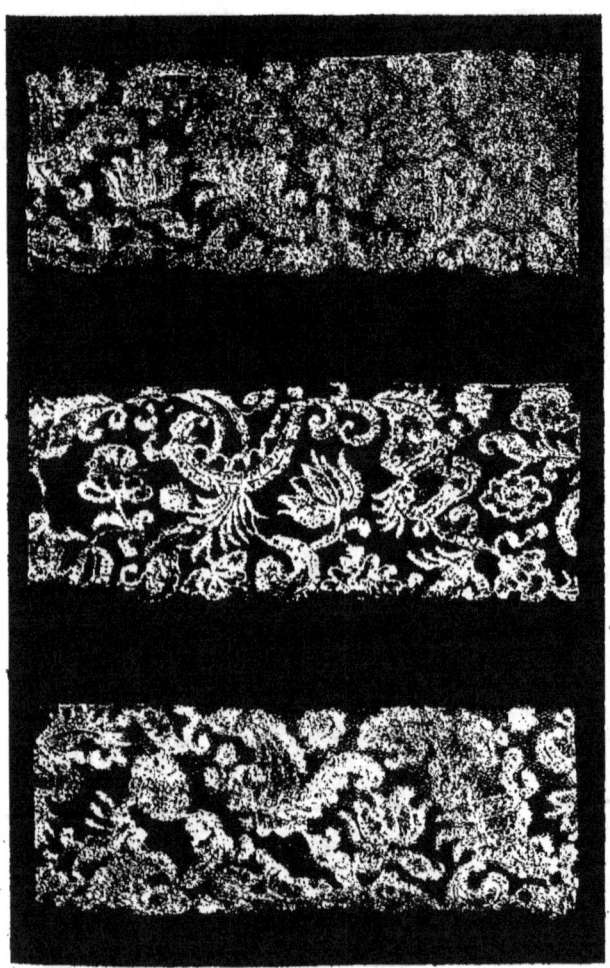

Fig. 118 à 120. — POINTS D'ANGLETERRE.
exécutés aux fuseaux.

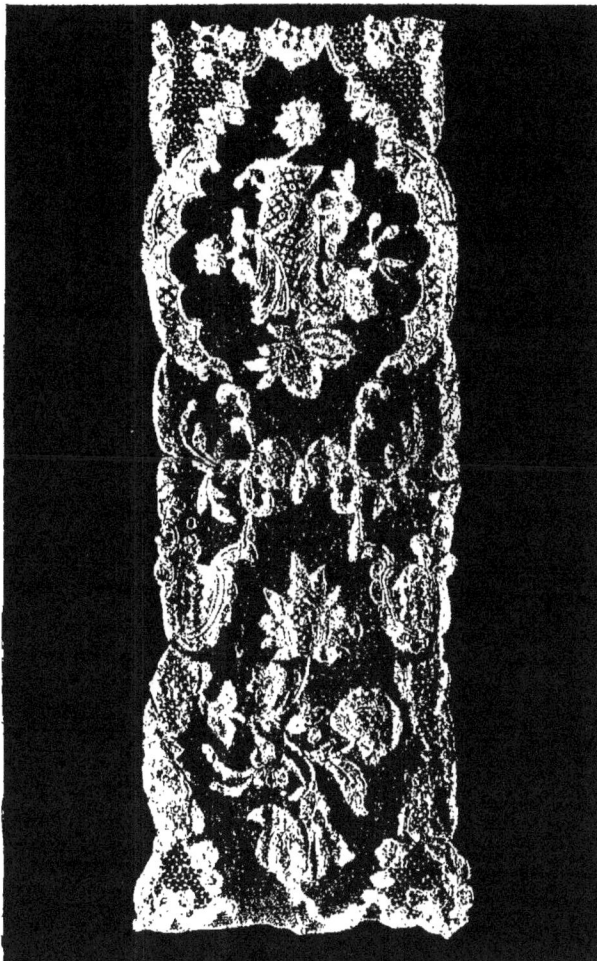

Fig. 121. — FRAGMENT D'UNE BARBE EN POINT D'ANGLETERRE exécutée aux fuseaux.

Fig. 122. — BARBE, EN POINT D'ANGLETERRE
exécutée aux fuseaux.

Fig. 125 et 124. — APPLICATION D'ANGLETERRE SUR VÉRITABLE RÉSEAU.
Travail aux fuseaux.

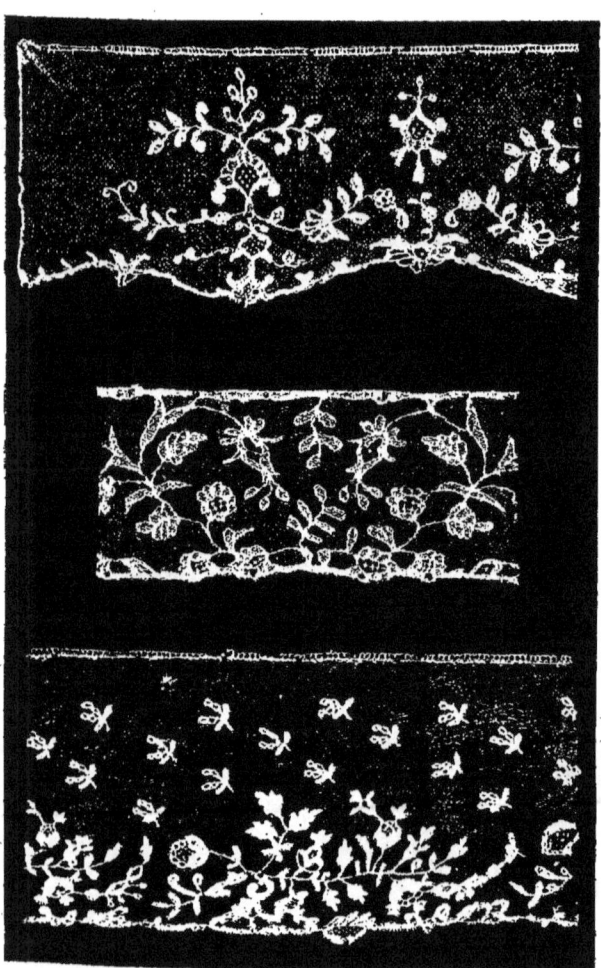

Fig. 125 à 127. — APPLICATION D'ANGLETERRE SUR TULLE A LA MÉCANIQUE. Travail aux fuseaux.

182 DENTELLE BELGE. XIXᵉ SIÈCLE.

Fig. 128. — DENTELLE VALENCIENNES
exécutée aux fuseaux.
(La Valenciennes a été fabriquée en France jusqu'à la fin du xviiiᵉ siècle.
Depuis cent ans, la Belgique, seule, en fabrique.)

Fig. 129 à 131. — POINT DE BRUXELLES OU POINT A L'AIGUILLE.

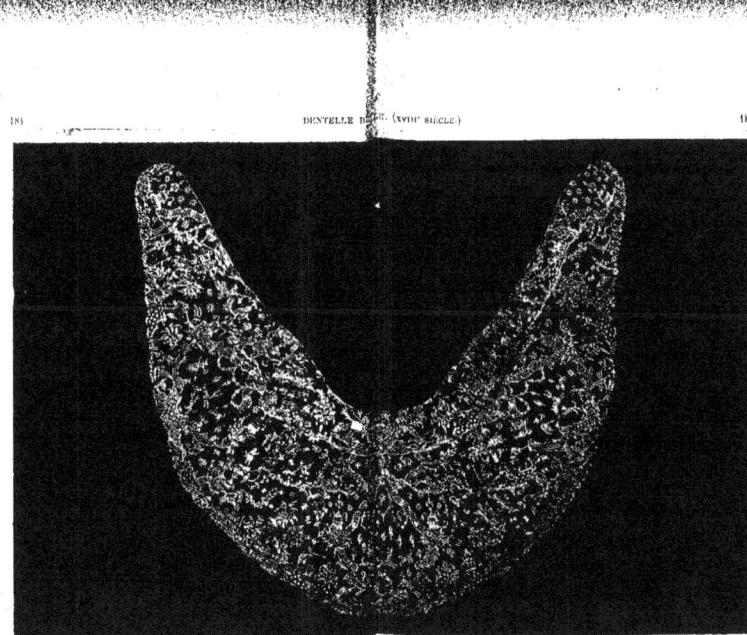

Fig. 132. — COL EN POINT A L'AIGUILLE. — Collection de Madame la comtesse Foy.

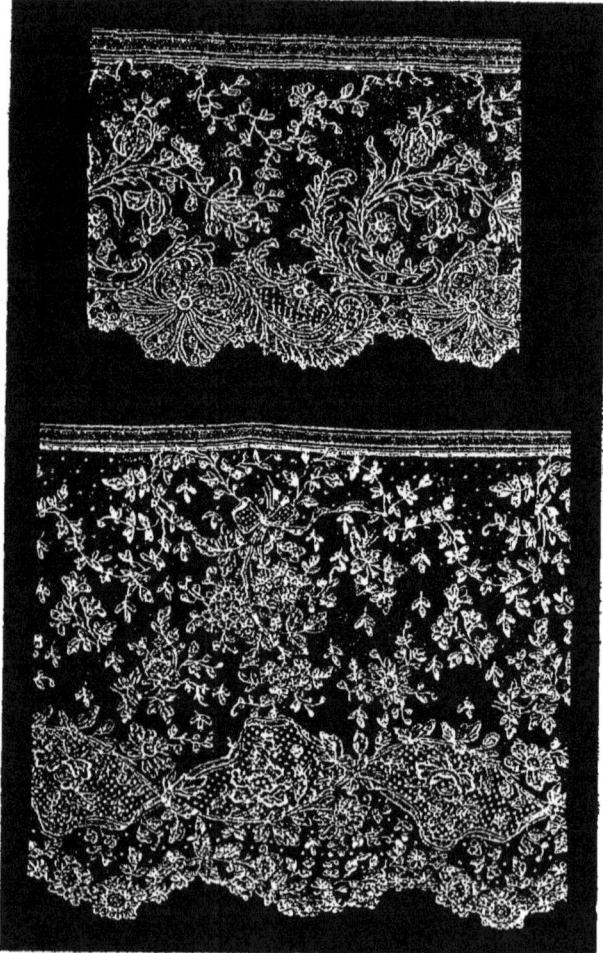

Fig. 133 et 134. — POINTS À L'AIGUILLE OU POINTS GAZE MODERNE

Fig. 135. — APPLICATION D'ANGLETERRE SUR TULLE
À LA MÉCANIQUE.

Fig. 136. — POINT D'ANGLETERRE SUR RÉSEAU À L'AIGUILLE

Fig. 137. — VALENCIENNES BRABANT, POUR ROBES,
Fig. 138. — VALENCIENNES POUR LINGERIES.
Travaux aux fuseaux.

Fig. 150. — Points d'Irlande (xixᵉ siècle) exécutés au crochet.

LES DENTELLES ANGLAISES

L'Angleterre fabrique des dentelles à l'aiguille dans le genre des dentelles de Venise, quelques dentelles aux fuseaux ressemblant beaucoup à la dentelle Duchesse faite en Belgique et connues sous le nom de dentelle Honiton, et surtout beaucoup de dentelles au crochet appelées point d'Irlande.

Le point d'Irlande se fait soit avec des petits motifs très réguliers ne comportant pas de dessin, c'est ce qu'on appelle l'Irlande fin ; soit avec de gros motifs en relief, c'est ce qu'on appelle l'Irlande gros. Les mots fin et gros servent donc à désigner deux genres différents et non deux qualités plus ou moins belles.

Cette fabrication a été longtemps le monopole de l'Irlande qui la réussissait très bien, mais n'a jamais beaucoup varié les dessins. Depuis quelques années grâce à l'élan donné par la mode à ce genre de dentelles, la France est arrivée à la très bien fabriquer et à des prix qui peuvent concurrencer les fabriques anglaises.

On raconte qu'après la terrible famine qui a sévi en Irlande en 1846, un Jésuite apporta dans cette contrée des modèles de dentelles de Venise et y fonda une première manufacture. De là vient le nom de « Jesuit Lace » dentelle

Jésuite donnée souvent soit aux dentelles à l'aiguille anglaises soit par dérivation aux dentelles d'Irlande au crochet en relief.

Nous avons parlé du Point d'Angleterre parmi les dentelles belges : il est utile d'indiquer ici que cette dentelle, selon une erreur assez répandue, n'est pas fabriquée en Angleterre, mais en Belgique. Il est possible que cette dentelle qui est une des premières à petits réseaux, ait été inventée dans la Grande-Bretagne, mais les fabricants ayant peu d'ouvrières pour l'exécuter, en ont demandé de suite de pareilles aux ouvrières flamandes. Ce qui est certain c'est que le Point d'Angleterre était très à la mode au XVIIe siècle et que sous Charles V des navires en transportaient de grandes quantités des Flandres en Angleterre. Son nom lui vient peut-être seulement de cette mode et de cet engouement comme le prétendent plusieurs auteurs.

Fig. 140. — Dentelle d'Irlande exécutée au crochet.

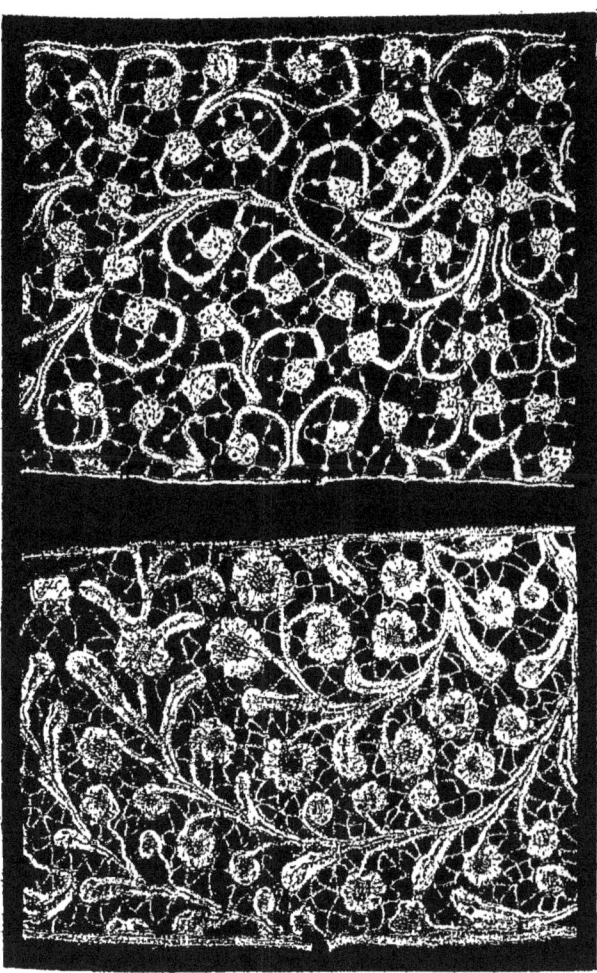

Fig. 141 et 142. — DENTELLES HONITON.
Travail exécuté aux fuseaux.
(La dentelle Honiton se rapproche beaucoup de la dentelle de Bruges
exécutée en Belgique.)

DENTELLE ANGLAISE.

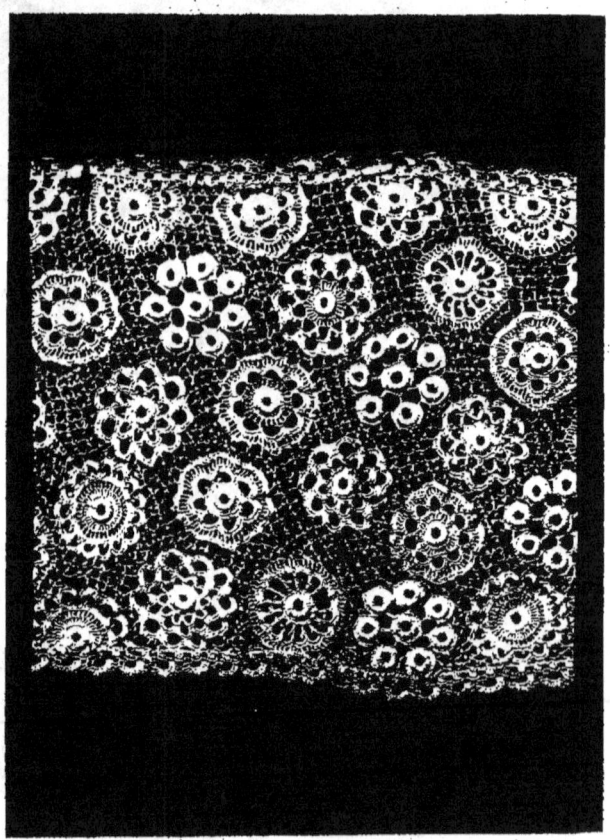

Fig. 143. — POINT D'IRLANDE, CROCHET MODERNE.

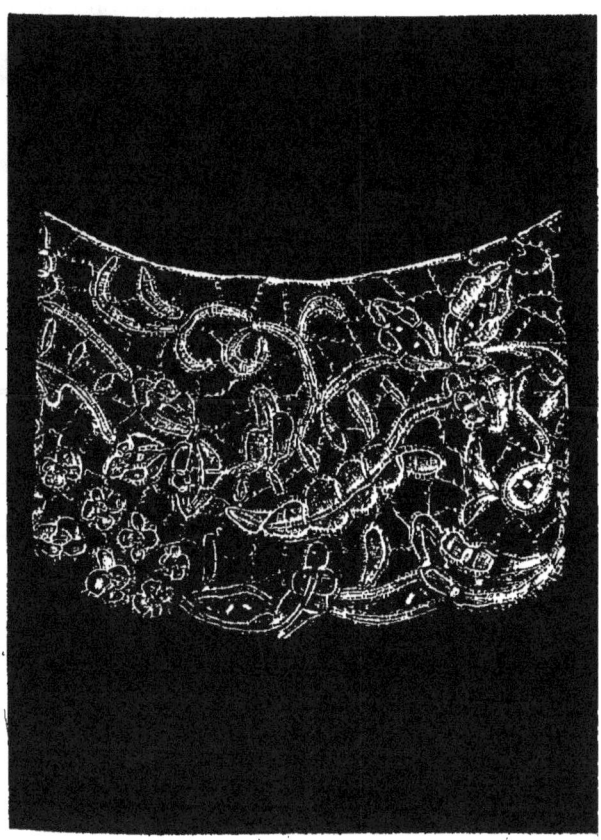

Fig. 144. — DENTELLE HONITON.
Travail exécuté aux fuseaux.

DENTELLE ANGLAISE.   XIXᵉ-XXᵉ SIÈCLES.

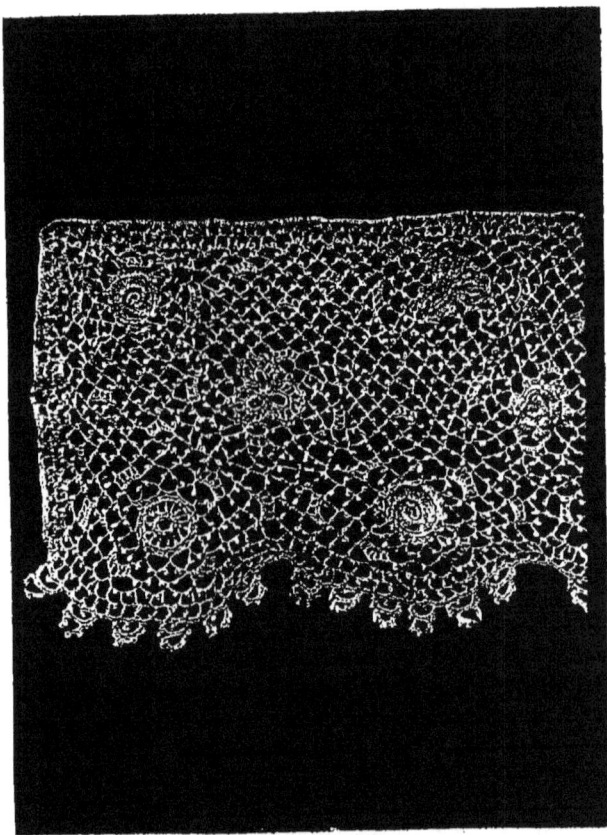

Fig. 145. — POINT D'IRLANDE FIN
Exécuté au crochet.

Fig. 146. — POINT D'IRLANDE GROS, A RELIEFS
Exécuté au crochet.

DENTELLE ANGLAISE. XIXᵉ-XXᵉ SIÈCLES.

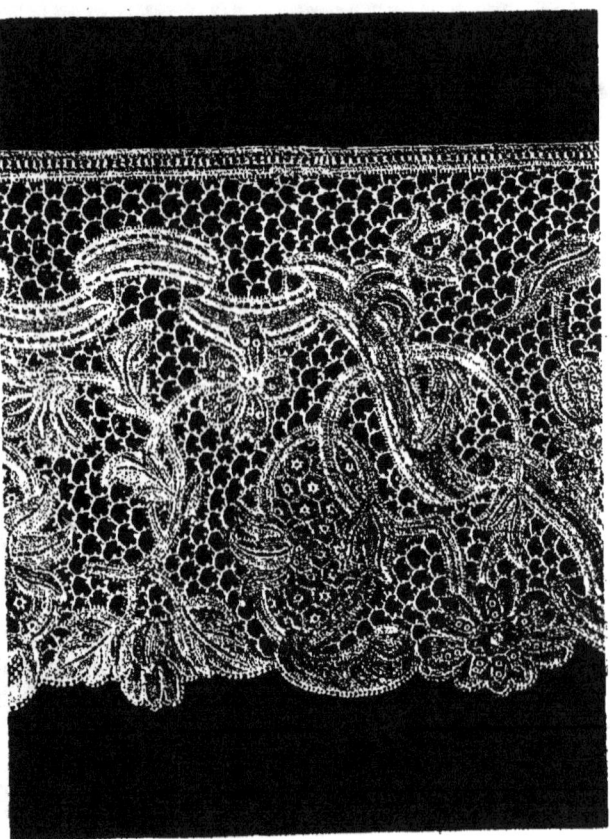

Fig. 147. — DENTELLE À L'AIGUILLE.

Fig. 148. — Dentelle allemande. (xviie siècle.)

Dentelles espagnoles, allemandes, autrichiennes, suédoises et russes. — Dentelles du Paraguay.

En dehors des grands centres de production comme l'Italie, la Belgique, la France, on fait encore des dentelles dans différents pays.

L'Espagne a fabriqué aux xvie et xviie siècles quelques dentelles à l'aiguille comme celles de Venise : elle a produit aussi des broderies sur filet et des dentelles d'or et d'argent. Au xixe siècle on y voit fabriquer une assez grande quantité de dentelles de Blonde, mais cette dernière fabrication, peu favorisée actuellement par la mode, tend à disparaître.

L'Allemagne fait des guipures analogues à celles du Puy et un peu de point à l'aiguille ressemblant au point de Bruxelles.

En Autriche, des efforts très considérables sont faits pour réorganiser la fabrication des dentelles aux fuseaux et à l'aiguille. Sous la protection du gouvernement une classe modèle de dentelle a été organisée à l'École impériale et royale des Arts décoratifs de Vienne où quelques bonnes ouvrières sont formées.

De nombreux comités de dames patronnent en Russie la fabrication des dentelles aux fuseaux dans le but d'occuper les femmes pendant l'hiver ; ces dentelles qui, comme fabrication ressemblent à celles du Puy, sont très caractérisées par des dessins réguliers et serpentins ; exécutées en blanc et en camaïeux, elles servent plutôt à l'ameublement qu'à la toilette.

La Suède enfin occupe un assez grand nombre d'ouvrières aux fuseaux faisant de petites dentelles destinées à orner les coiffes et les bonnets.

Dans l'Amérique du Sud, au Paraguay, on fait un genre de dentelles à l'aiguille en façon de soleil, soles, ou de toiles d'araignées, nautudy ; malheureusement ces dentelles, d'un genre très fin, sont très monotones, car l'Amérique du Sud semble ne pas connaître d'autre dessin que la rosace.

Fig. 140. — Dentelle de fil Suède. (xixe siècle.)

XVIIᵉ SIÈCLE.   DENTELLE ESPAGNOLE.   199

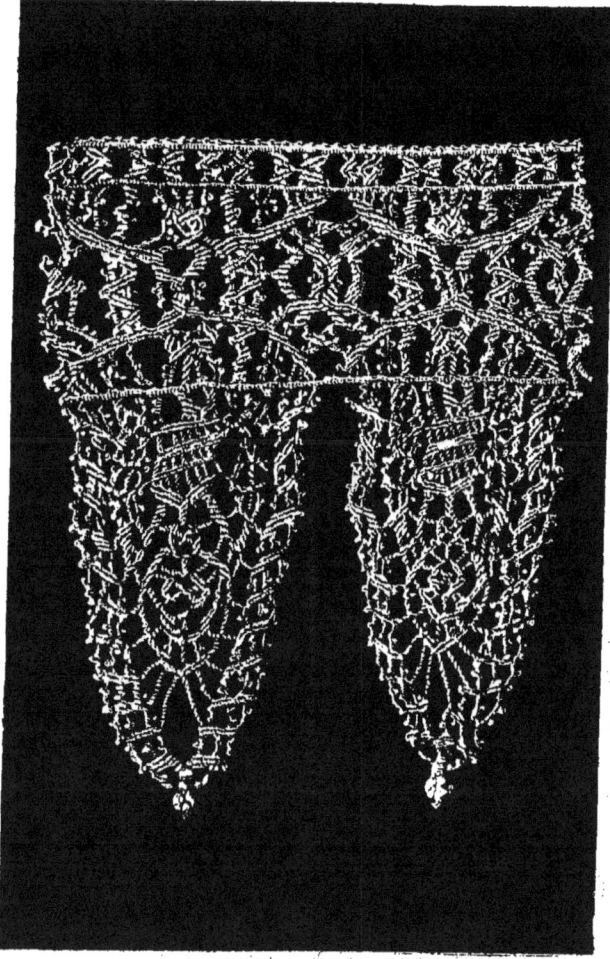

Fig. 150. — MAC-RAMÉ.

Le mot mac-ramé vient de l'Arame et veut dire « nœud », soit dentelle
exécutée avec des séries de nœuds.)

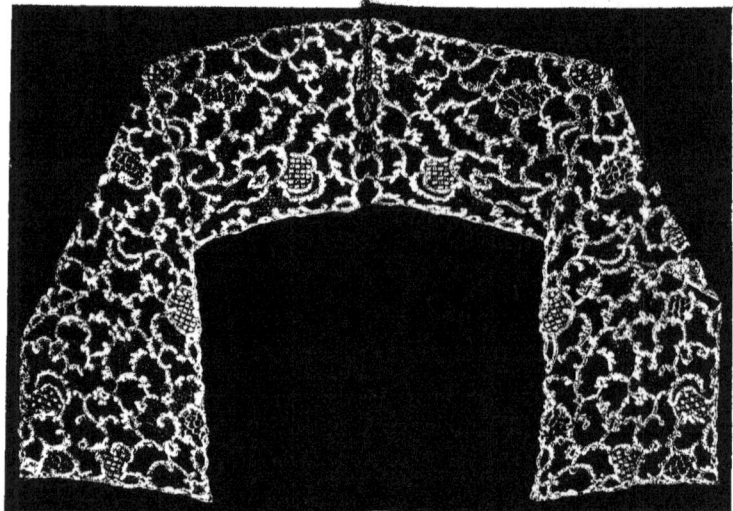

Fig. 151. — BLONDE DE FIL DE BARCELONE EXÉCUTÉE AUX FUSEAUX.
La blonde de fil espagnole a beaucoup d'analogie avec le Chantilly blanc fabriqué en France.)

Fig. 152. — GUIPURE D'OR.

Fig. 153. — GUIPURES DÉCOUPÉES EN DENTELLES
servant à garnir les fraises à l'espagnole.

204 DENTELLES ALLEMANDES. XIXᵉ SIÈCLE.

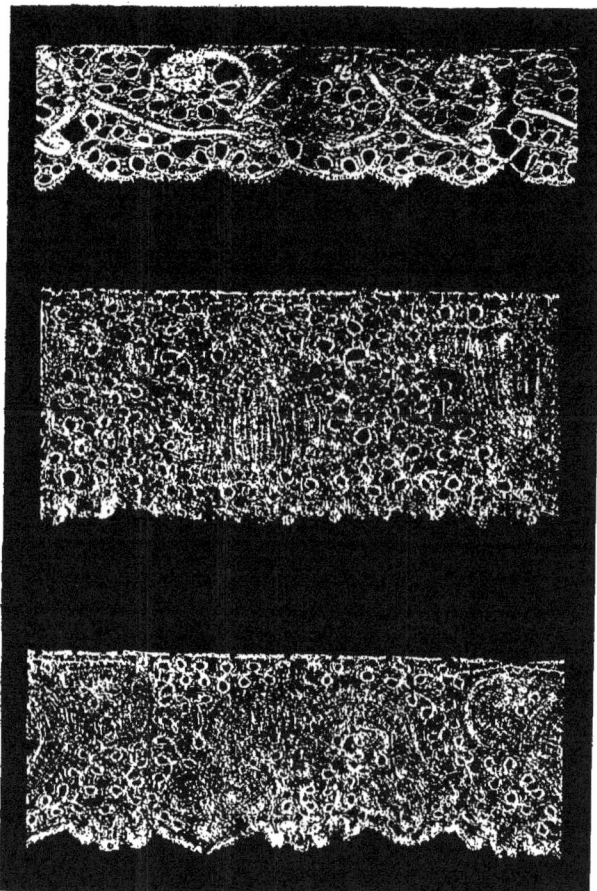

Fig. 153 bis. — GUIPURES EXÉCUTÉES AUX FUSEAUX.

Fig. 154. — BRODERIE SUR TULLE ET GUIPURE.

206 DENTELLES AUTRICHIENNES. XIXᵉ SIÈCLE.

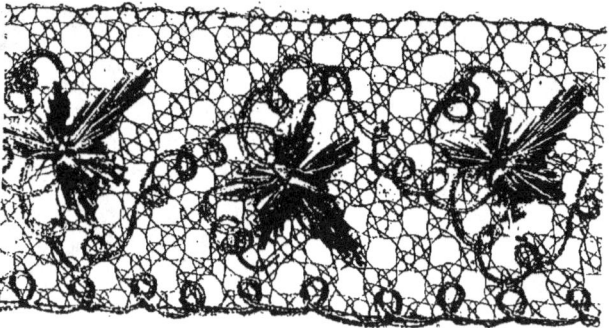

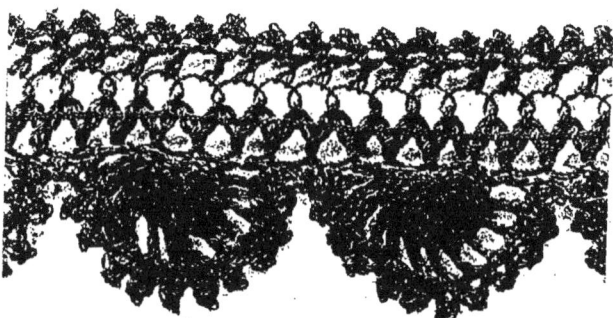

Fig. 154 bis. — BRODERIE SUR RÉSEAUX ET GUIPURE.

Fig. 155. — GUIPURES EXÉCUTÉES AUX FUSEAUX.

208. DENTELLES DU PARAGUAY. XIXᵉ SIÈCLE.

Fig. 156. — DENTELLES NANSOUTY.

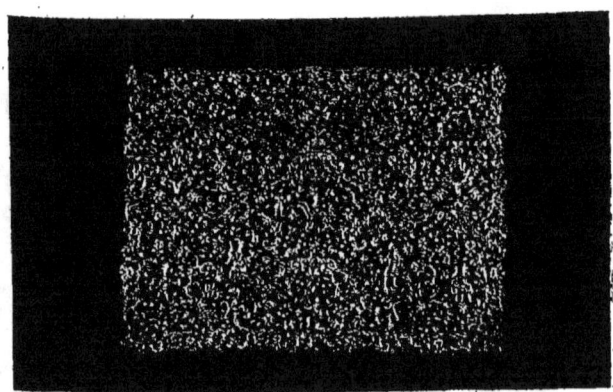

Fig. 157. — Point de France. (xviie siècle.)

LES DENTELLES FRANÇAISES.

PRINCIPAUX CENTRES DE PRODUCTION.

Les dentelles françaises aux fuseaux sont les Chantilly appelées aussi dentelles de Bayeux ou de Caen, les Blondes et toutes les dentelles ou guipures connues sous les noms de Cluny, du Puy et de Mirecourt.

Les dentelles françaises à l'aiguille sont les points de France, les points Colbert, les points d'Alençon et d'Argentan.

On fait également en France beaucoup de dentelles renaissance, des broderies sur filet et des points d'Irlande.

Les principaux centres de production sont actuellement le Calvados, l'Orne, la Haute-Loire, la Haute-Saône et les Vosges.

Nous allons examiner successivement la fabrication de chacun de ces départements.

Fig. 158. — Dentelle noire de Chantilly.

Fig. 159. — Point Colbert, travail à l'aiguille, exécuté à Bayeux.

LE CALVADOS.

L'origine de la dentelle en Calvados a été exposée par M. Ernest Lefébure dans une conférence faite à Bayeux en 1898; les détails très intéressants, très certains et inédits sur l'origine de la fabrication dans ce département sont à citer en entier :

« Il y a deux cent cinquante ans, au début du règne de Louis XIV, la France était pauvre, épuisée par les guerres de Religion, et une grande misère se faisait sentir dans la population ouvrière.

« Un saint prêtre nous avait été envoyé par la Providence. Il multipliait partout, sur son passage, les œuvres les plus ingénieuses de sa charité pour soulager ces misères. L'enfance pauvre surtout préoccupait son âme d'apôtre; il créa pour elle le Bureau des Enfants assistés, et il essaya même, en 1650, dix ans avant sa mort, d'établir des manufactures pour occuper aux travaux manuels les enfants qui couraient les rues sans ouvrage.

« L'industrie était alors organisée en corporations, qui rendaient de très grands services, mais qui étaient très jalouses de leurs monopoles, et personne n'avait le droit de faire de l'industrie, s'il n'avait fait d'abord le double stage d'apprenti et de compagnon, et s'il n'était devenu maître dans la corporation du métier qu'il voulait exercer.

« Devant la résistance des corporations industrielles, l'essai de saint Vincent de Paul avorta : mais l'idée était bonne, elle fit son chemin dans les esprits et elle parut éminemment pratique à Colbert, qui obtint de Louis XIV, en 1662, des Lettres patentes entamant les privilèges trop exclusifs des corporations, et décidant que les Hôtel-Dieu et Hôpitaux du royaume seraient transformés en vue de prévenir et de combattre le paupérisme par le travail. Le roi accordait à ces établissements les prérogatives suivantes :

« Permettons auxdits administrateurs de faire fabriquer, dans ledit hôpital, toutes sortes de manufactures, et de les y faire vendre et débiter. Et parce qu'il est important, pour que les manufactures soient bien faites, que les administrateurs y appellent des artisans qui les montrent aux pauvres, en tout ce qui dépendra de leur art et métier... nous ordonnons que ceux qui auraient été choisis, après y avoir travaillé cinq ans, et qu'ils auront été reconnus avoir bien instruit les pauvres, en leur art et métier, puissent être présentés par les administrateurs pour être reçus maistres ès arts et métiers. »

« Dès lors, un mouvement général se fit dans toutes les villes pour profiter de ces Ordonnances, qui mettaient les hôpitaux au-dessus des restrictions étroites des corporations, et on vit de tous côtés le clergé et les personnes charitables s'intéresser à ces fondations d'ouvroirs annexés à des hôpitaux.

« C'est ainsi que dès 1667, furent rédigés les statuts de l'Hôpital-Général de Bayeux. On y lit « que les enfants « seront instruits aux manufactures convenables à leur « âge, particulièrement faire des bas, mitaines, bonnets et » camisoles, façon d'Angleterre ». La dentelle n'y est pas énoncée, ce qui ferait penser qu'on n'en faisait pas encore à Bayeux.

« Or, quelques années après, en 1676, Mgr de Nesmond appelle, à Bayeux, les sœurs Marie Le Parfait et Hélène Cauvin, religieuses de la Providence de Rouen pour tenir une école dans une maison proche de l'ancienne église Saint-Georges.

« Cette église, qui était en mauvais état, fut interdite au culte en 1680, et nous lisons dans Béziers (le premier historien de Bayeux, qui écrivait en 1773), que Raymond Baucher scholastique et chanoine de Bayeux, établit des sœurs de la Providence dans l'ancienne église de Saint-Georges peu de temps après son interdiction, à charge, non seulement d'apprendre aux petites filles à lire et à écrire, mais encore de diriger une manufacture de dentelles qui y fut mise ».

« Il y a donc une coïncidence à remarquer : on commence à parler de dentelles à Bayeux aussitôt qu'on y voit arriver les sœurs de la Providence de Rouen.

« Sur la porte d'entrée de la manufacture était une inscription disparue à la Révolution, qui rappelait le nom du fondateur et le but de l'institution.

« Ce travail se répand dans la ville, et le 24 janvier 1684, Mgr de Nesmond publie un règlement de l'Association pour le soulagement des pauvres dans lequel il nomme des Dames pour « surveiller les petites filles qui s'occupent au travail de la dentelle et pour procurer du travail à celles qui n'en ont pas ».

« Ces Dames, qui ont porté le titre populaire des *Dames de la Marmite*, comme le rappelait dernièrement M. Alfred Dédouit, s'occupèrent très sérieusement de leur mission, car il existe encore un registre des délibérations de cette année 1604, où il est souvent question de la dentelle.

« On donnera, à la maîtresse de dentelle de Saint-Malo, dix-huit petites filles qui pourront être prises des autres paroisses de la ville. »

Et ailleurs, on lit :

« Mme de Héricy veillera à la manufacture de dentelle de Saint-Loup. »

« ... Un écu est donné à Mme d'Éterville pour payer un demi mois à la maîtresse de dentelle de Saint-Patrice. »

Et encore ;

« On verra les Religieuses de la Charité pour savoir si elles ne peuvent pas recevoir les petites filles qui font de la dentelle, tant celles qui savent que celles qui ne savent pas encore. »

« Mais au milieu de cet engouement pour l'industrie nouvelles les difficultés surgissent ; les unes viennent des maîtresses d'ouvrages, car on lit dans une des délibérations : « Si les maîtresses de dentelle ne veulent pas
« changer de patrons aux petites filles, on les chan-
« gera ».

« D'autres fois, ce sont les petites filles qui n'obéissent pas : « Mme de Héricy veillera à la manufacture de Saint-
« Loup et obligera les petites filles d'être assidues à leur
« travail, sinon on finira cette manufacture, et on donnera

« les filles qui travaillent bien à la manufacture de Saint-Malo. »

« On reconnut en effet qu'on avait trop éparpillé les efforts, et dans la séance du 24 juin 1684, on décide « qu'il n'y aura plus que trois manufactures de dentelles, celles de Saint-Malo, de l'Hôpital-Général et de la Charité ».

« Malgré cette décision, nous trouvons, l'année suivante, une proposition de faire travailler les petites filles à la dentelle, dans la maison de M. le curé de Saint-Exupère, « dans une chambre à ce destinée, où on en fera travailler vingt-quatre ».

« Quelque temps après, on rend compte que les petites filles qu'on y a installées travaillent à la dentelle au nombre de dix-neuf à vingt.

« Voilà donc des preuves accumulées que la dentelle a été pratiquée à Bayeux dès 1680. On parle souvent au bureau des Dames, de ventes de dentelles faites à cette époque, dans les ouvroirs, et il ne faut plus croire, comme comme Pluquet l'a écrit, et comme Chigouesnel et tant d'autres l'ont répété après lui, que la dentelle a été commencée à Bayeux seulement en 1740.

« D'ailleurs, on trouve dans toute la Normandie, un mouvement analogue en faveur de la dentelle, à la fin du xviie siècle.

« A Caen, à Avranches, à Villedieu, cette fabrication s'organise.

« A Valognes, l'Hôpital-Général est fondé en 1682, et on y adjoint une manufacture de dentelles.

« C'est en 1684 qu'à Orbec, Mme de la Planche et Mme de la Guesquière, nommées pour avoir soin du travail de la dentelle, fait par les petites filles, à l'Hôpital-Général, s'adressent à un fabricant de dentelles de Caen, nommé Pierre-François Marie, qui leur envoie ses employés J.-B. Le Maître et sa femme née Françoise Baucher.

« La princesse d'Harcourt a fondé l'hôpital d'Harcourt. Nous la voyons passer un contrat, le 29 avril 1696, avec les religieuses de Gentilly, leur imposant entre autres devoirs, d'apprendre aux pauvres enfants « à travailler la dentelle, afin de les mettre en état de gagner leur vie ».

« La première année, la vente des dentelles s'élève à 169 livres 11 sols. La princesse d'Harcourt en achète une certaine quantité.

« En 1700, une dame Anne Blondel, veuve de Messire Nicolas de Roncé, donne aux pauvres de la paroisse de Bernières-sur-Mer, 400 livres de rentes pour apprendre aux enfants à faire de la dentelle.

« A Bernay, c'est Mme de Ticheville qui fonde la manufacture de dentelles. Dans ses dépenses figurent huit milliers d'épingles, deux douzaines de cartes *blanches*, et un demi-cent de cartes jaunes. Je signale en passant que ces cartes blanches sont une preuve qu'on y faisait déjà de la dentelle noire. Et, dans cette même direction, Mme la duchesse Catherine d'Orléans Longueville attire, auprès de son château d'Étrepagny; non loin de Gisors, des maîtresses dentellières de Dieppe et du Havre pour y enseigner et y diriger la fabrication de la dentelle aux fuseaux.

A Eu, le duc de Penthièvre, très connaisseur en dentelles, subventionnait les écoles où l'on enseignait ce travail.

Ce n'était, en effet, que la Dentelle aux fuseaux qui occupait toute la Normandie, rayonnant autour de Rouen, Dieppe et Le Havre, et les Sœurs de la Providence de

Rouen semblent avoir été les agents principaux de cette expansion.

Il faut attendre jusqu'en 1855, pour que M. Auguste Lefébure père commence à faire travailler la Dentelle à l'aiguille à Bayeux, comme on la faisait à Alençon et à Venise. Les Sœurs de la Providence n'ont pu enseigner que ce qu'elles avaient vu faire à Rouen, au Havre et à Dieppe. Ce qu'on faisait alors à Bayeux, c'était principalement des Dentelles en fil blanc, aux fuseaux, genres Chantilly et Point de Paris, Dentelles qui servaient en grande partie à garnir les coiffes des riches paysannes, et qui se vendaient périodiquement aussi, en grandes quantités, à la foire de Caen et à celle de Guibray, où venaient s'approvisionner les marchands de Paris et même de l'étranger.

La preuve de ces relations avec l'étranger se trouve dans une déclaration d'un des plus anciens fabricants de Bayeux, nommé Guyard, qui, en 1708, dit s'être occupé beaucoup à faire fabriquer des Dentelles propres à la consommation des Indes Espagnoles. Or, tout le monde sait que ce sont les écharpes et les mantilles en Dentelle et en Blonde qui se portent beaucoup sur la tête dans les colonies espagnoles.

Guyard, devenu vieux s'adjoignit son fils, et, en 1736, MM. Guyard obtinrent de Mgr Paul d'Albert de Luynes, évêque de Bayeux, devenu depuis archevêque de Sens, un certificat où il est dit : « Attestons que les sieurs Guyard ont occupé pendant que nous étions Évêque de Bayeux, plus de cent femmes, pour des ouvrages de Dentelles, sous la conduite des Sœurs de la Providence ».

« En 1740, un sieur Clément, fabricant à Caen, vint s'établir à Bayeux, et Pluquet lui attribue, un peu à la légère, comme je viens de vous le montrer, l'introduction de la Dentelle à Bayeux. Ce M. Clément eut plus tard, pour successeur, M. Tardif, Jean-Charles-Bernardin, mort en août 1816, dont le fils fut à la fois banquier, filateur et fabricant de Dentelles.

« L'abbé Michel Suhard de Loucelles, chanoine de Missy et de Bretteville, acheta, en 1744, une maison, et y installa, l'année suivante, à la Saint-Michel, des Religieuses de la Providence. L'une d'elles s'appelait sœur Avice. La Manufacture de Dentelles y prospéra si bien, que trois ans après, le bon chanoine fit reconstruire, en 1748, des bâtiments plus vastes, dont les frais furent payés en partie par une de ses tantes, Mlle de Scelles de Létanville. La dépense ne monta pas à moins de 40000 livres.

« Ce chanoine, qui faisait si noble usage de sa fortune, habitait 10, rue Franche, et possédait le château de Sully, où l'on voit encore son portrait. Un autre portrait de lui est d'ailleurs au Bon-Sauveur de Caen, dont il devint supérieur. Il est mort le 17 juillet 1779, et est enterré dans le chœur de Sully. Après sa mort, on trouva, dans son testament, qu'il dotait l'ouvroir de Dentelles fondé par lui, d'une rente de 522 livres, acceptée dans une délibération prise à l'Hôtel de Ville, le 7 juillet 1782.

« Au milieu du XVIIIe siècle, ces différentes Manufactures, au dire de Béziers, occupaient 600 jeunes filles, celle de la Poterie, tenue par quatre Religieuses, faisait travailler 150 dentellières, et d'après le manuscrit de Renaud, les Dentelles de la Manufacture de la Poterie, sont plus communes que celles qui se travaillent au Petit-Bureau, mais elles sont par là d'une vente plus rapide, l'usage en étant plus à la portée de toutes conditions.

« En 1752, un événement terrible vint frapper les dentellières, et attrister toute la ville.

« La Manufacture du Petit Bureau était toujours installée dans l'ancienne église Saint-Georges, où le chanoine Raymond Baucher l'avait organisée en 1680, après l'interdiction de cette église, qu'on trouvait déjà peu solide, puisqu'on la retirait au culte.

« Il n'est donc pas étonnant que, 72 ans plus tard, les murs de cette église nécessitèrent de grosses réparations. Malheureusement, les maçons qui en furent chargés, ne prirent pas des précautions suffisantes, et dans la matinée du 12 avril 1752, au moment où toutes les jeunes filles étaient réunies et occupées à leur ouvrage, le gable vers le couchant, avec une partie des côtières, s'affaissa tout à coup avec grand fracas, les planchers se rompirent et, en tombant, écrasèrent un grand nombre de ces malheureuses; 14 furent tuées et 70 blessées. Outre la perte de ces pauvres ouvrières, qu'il fallut retirer des ruines avec les plus grandes précautions, le dommage écrit-on, fut estimé à plus de 50000 livres, à raison, non seulement du bâtiment, mais des beaux et rares ouvrages qui se trouvaient sur les métiers.

« M. l'abbé Hugon, chanoine et trésorier de la Cathédrale, était supérieur de cet établissement. Tristement ému de ce fâcheux accident, il entreprit la reconstruction du bâtiment, à ses frais, et y dépensa 10000 livres. C'est dans cette nouvelle construction que se tinrent depuis les classes du Petit-Bureau.

« Les magistrats municipaux de Bayeux avaient alors l'habitude d'offrir, chaque année, à M. l'intendant de la Généralité de Caen, au premier de l'an, un cadeau de 50 livres de sucre fin. « En 1758, on substitua à ce cadeau légendaire une paire de manchettes en Dentelles de fil, qui coûta, d'après les registres, 144 livres.

« Cet usage se perpétua jusqu'à la Révolution, car, le 21 janvier 1784, M. Feydeau de Brou, ayant reçu les étrennes habituelles de la Municipalité bayeusaine, écrit :
« Je vous remercie de la belle paire de manchettes qui
« était jointe à votre envoi. J'accepte cet agréable présent
« avec d'autant plus d'intérêt, que je ne doute pas qu'il
« soit le produit d'une Manufacture établie dans votre
« ville et sous votre protection. Je désire beaucoup voir
« ses succès, et je m'empresse d'y concourir. Je joins à
« ma lettre un mandat de six louis, que je vous prie de
« faire employer en gratification à l'ouvrière dont on sera
« le plus content ». La Municipalité répond le 1er février :
« Nous avons effectivement des Manufactures de Dentelles,
« sans parler de 12 à 1500 ouvrières répandues dans la
« ville, les faubourgs et les environs ».

« C'est vers cette époque qu'une ouvrière de Vaux-sur-Aure, nommé Cahanet, inventa, dit-on, le point de *raccroc*, qui facilite beaucoup la réunion des bandes de dentelle, et fut un perfectionnement de fabrication qui permit de faire des grandes pièces, telles que robes, châles, fichus.

« La reine Marie-Antoinette avait donné une grande vogue à ces fichus qui ont gardé son nom. Elle employait une grande quantité de dentelles, si nous en jugeons par le Livre-Journal de Mme Éloffe, que M. le comte de Reiset a reproduit dernièrement. On y lit beaucoup de fournitures comme celles-ci : « 10 aunes 3/8
« de dentelle noire, fond Alençon, très grande hauteur,
« pour garnir un mantelet à la reine. Prix : 228 livres
« 5 sols ».

« Elle employait beaucoup de marlis en ruches. C'est ce qu'on nommerait aujourd'hui des ruches de tulle, car à cette époque, il ne se faisait pas de tulle mécanique, et un très grand nombre d'ouvrières étaient occupées à faire des bandes de tulle uni et d'autres à semis de points d'esprit, qu'on appelait des marlis, quand ils étaient bordés d'un picot. La Normandie avait une grande part dans cette fabrication.

« Parmi les fabricants de Bayeux, autres que ceux déjà cités, on remarque encore un sieur Vimont, puis un Jacques-Nicolas Salles, qu'on retrouve, en 1793, soumissionnant l'église Saint-Jean, et enfin, un nommé Jean Anne, dit Lefébure, ce qui m'a fort étonné, car il n'est nullement notre parent, mais son nom est nettement indiqué ainsi sur la tombe de sa première femme, Catherine Biet, enterrée dans le cimetière de l'église Sainte-Madeleine, et dans le Registre de Saint-Ouen-des-Faubourg, où il se remarie le 14 octobre 1766, avec Marie-Anne Moisson, dentellière.

« Cependant, la Révolution approchait, et les manufactures de dentelles trouvaient plus de difficultés à vendre leurs produits et devenaient moins prospères. Nous voyons les sœurs de la Providence, sœur Huline et sœur Fossé, être dans l'embarras et demander d'abord l'exemption d'un droit qui s'appelait le paiement du don gratuit, et, en 1790, elles revinrent à la charge en demandant l'exemption des droits de tarif (ou d'octroi), ce qui, d'ailleurs, leur fut généreusement accordé.

« Cette même année 1790, l'Hôpital-Général devait une forte quantité de fils à dentelles, à des marchands de Rouen et ne pouvait les payer. Les créanciers firent apposer les scellés sur le cabinet où étaient réunis les fils et les ouvrages de dentelle, et ce n'est que le 5 novembre 1792, que ces scellés furent levés. Et en

1795 la citoyenne Levavasseur, marchande de fils à dentelles à Rouen, réclamait encore 450 livres, pour des fournitures à l'Hôpital-Général.

« La Municipalité, je suis heureux de lui rendre justice, cherchait à sauver ses manufactures déjà très menacées. Elle écrivait, le 4 juillet 1791, aux administrateurs du département : « Les Sœurs de la Providence ont l'honneur
« de vous présenter une requête qui contient des faits
« d'une vérité et d'un intérêt incontestables. Nous n'avons
« point à nous plaindre de leur conduite, elles sont sages
« et ne se mêlent que d'apprendre aux enfants leur
« catéchisme et à travailler. Elles sont réduites aujour-
« d'hui à être sans pain. Daignez les traiter favorable-
« ment et de ne pas rejeter leur demande. Ces établisse-
« ments sont précieux pour notre ville ».

« Les sœurs de la Providence restèrent dans l'école de la Poterie, dirigeant l'atelier de dentelles, jusqu'à la fin de 1792, car on lit, dans les Comptes de la ville : « Payé, pour
« les sœurs de la maison de la Potherie, 120 livres 12 sols,
« pour compte du 20 novembre 1791 au 1er décembre 1792. »

« La sœur Hue était supérieure, quand la manufacture fut fermée et les élèves dispersées, conformément à un décret du 18 août 1792, qui supprimait toutes les Congrégations enseignantes.

Ce n'était pas sans résistance de la population, car le 4 septembre 1792, il avait été remis une pétition adressée au département, pour obtenir de conserver les religieuses. Mais on répondit de Caen : « Sur quoi délibé-
« rant... il a été décidé qu'on interdira l'instruction
« publique aux Ursulines ainsi qu'aux Sœurs grises de
« l'Hôpital-Général et à celles de la Providence, confor-
« mément à l'arrêté du 21 août dernier ».

« Mais les Sœurs ne se pressaient pas assez de partir, et bientôt le Comité de surveillance, qui faisait arrêter les nobles et les prêtres, fit aussi enfermer les Sœurs à la Charité transformée en prison.

« Grande émotion parmi les élèves qui adressent au Comité révolutionnaire une pétition réclamant l'élargissement de la sœur Hue et de ses compagnes.

« Mais le Comité ne l'entend pas ainsi, et il répond le 25 vendémiaire an II, avec le style de l'époque : « La « citoyenne Hue ne sortira de prison qu'après avoir expié « ses grimaces et ses mômeries, et elle sera remplacée à « la Manufacture, ainsi que les deux sœurs qui étaient avec « elle, par trois citoyennes patriotes et reconnues dignes « de la confiances publique. »

« C'était sans doute plus facile à dire qu'à faire, car école et manufacture furent supprimées, et nous voyons, le 29 ventôse an III, un sieur Le Royer obtenir la jouissance de l'église de la Potherie et de la manufacture voisine, pour en faire un grenier à fourrage.

« Pendant plusieurs années, la fabrication de la Dentelle et son enseignement dans les ouvroirs furent absolument suspendus. La Municipalité en exprima souvent ses regrets et nous lisons dans une de ses délibérations :

« Deux Manufactures existaient, fournissant du travail « aux filles de tout âge, et même aux mères de famille. « Ces précieux établissements sont tombés, et la mendi-« cité s'est accrue. »

« Le Bureau de Bienfaisance envoie une réclamation au Bureau des Hospices, demandant de rétablir au moins une des deux Manufactures, celle de la Poterie, et il dit textuellement : « Ce rétablissement est indispensable, le Maire « a proposé de restituer cette maison à son antique usage. »

« Enfin, après huit années d'interruption, le Bureau de Bienfaisance put obtenir, le 11 floréal an XI, de rappeler la sœur Hue, supérieure, et de la réinstaller à l'école de la Poterie.

« Les commencements furent un peu laborieux, mais la bonne supérieure y mit patience et dévouement, et le rapport du 8 mai 1809 nous dit : « L'établissement de la Ma-
« nufacture des pauvres filles a pris, depuis deux ans, un
« grand accroissement; au lieu de 50 enfants qu'il y avait
« précédemment, il y en a actuellement 120. Il y a deux
« directrices et une maîtresse de travail. Le Conseil est
« d'avis de porter à trois le nombre des directrices, et
« d'élever le crédit annuel à 1,500 francs. »

« Deux ans après, Napoléon devant passer à Bayeux, en se rendant à Cherbourg, le Conseil municipal arrête, le 18 mai 1811, qu'il sera offert, à S. M. l'Impératrice, une corbeille dans laquelle seront déposés des objets en Dentelle, provenant des fabriques de cette ville, et que cette corbeille serait présentée par 18 jeunes ouvrières. La dépense pourra être portée jusqu'à 2,000 francs.

« M. Tardif est chargé de l'achat et de la préparation de ces objets. Le 5 juin, Napoléon et Marie-Louise font leur entrée à Bayeux. Les 18 jeunes ouvrières présentent à S. M. l'impératrice la corbeille, ornée de Dentelles, dans laquelle étaient déposés un voile et une très belle robe d'enfant, le tout fabriqué dans cette ville. Une des ouvrières, Mlle Adam, prononça le discours à l'Impératrice. »

Les dentelles aux fuseaux exécutées dans le Calvados sont donc les Chantilly noirs ou blancs appelés dentelles de Caen ou de Bayeux et les Blondes de soie.

DENTELLES FRANÇAISES — (LE CALVADOS).

Les Chantilly sont exécutés soit en fil blanc, soit en soie noire appelée *Grenadine d'Alais*; ces soies perdent, par la torsion des fuseaux, en les travaillant, une partie de leur brillant, ce qui a fait croire parfois que le Chantilly noir était fait en fil de lin noir et non en soie. Le nom de Chantilly vient surtout de la réputation du célèbre château autour duquel étaient jadis groupées les ouvrières, et l'on remarque dans les anciens Chantilly beaucoup de dessins à vases et à corbeilles fleuries, dessins souvent employés à la décoration des pièces céramiques de Chantilly, qui ont joui jadis d'un certain renom. La fabrication de cette dentelle a complètement disparu de cette contrée, où on ne fait plus qu'un peu de tulle uni, exécuté souvent en cheveux, servant, à cause de sa finesse et de sa résistance aux coiffeurs pour monter les perruques.

Les Chantilly noirs sont ornés de fleurs ombrées, leur donnant l'aspect d'un fusain fin et délicat, surtout quand elles s'enlèvent sur un transparent blanc ou de couleur. On fait des dentelles au mètre de toutes hauteurs, des jupes ou des corsages sur forme, des écharpes, des mantilles, des éventails, des appliques, même des motifs détachés, comme des papillons, des fleurs, des chiffres et monogrammes. Les Chantilly noirs sont d'un prix très abordable et se prêtent à des garnitures très diverses pour les toilettes du jour ou du soir.

Les Chantilly blancs, à cause de leur souplesse, font surtout de ravissantes écharpes. La pièce la plus importante exécutée dans ce genre de dentelle, à notre époque, est le voile que portait, à son mariage, Mme la duchesse d'Aoste.

On dit que Mme de Maintenon, quand elle dirigeait Saint-Cyr, avait une prédilection toute spéciale pour les Chantilly, sachant surtout combien la transparence délicate et discrète de cette dentelle a de charmes et sied aux femmes de tout âge.

Les dentelles à l'aiguille exécutées à Bayeux sont les Point Colbert et les Point de France.

Le point Colbert, qui s'est d'abord inspiré des dentelles de Venise, est une guipure à barettes picotées et souvent surchargées d'ornements délicats se mariant admirablement avec des fleurs en relief dont les broderies sont encore ornées de picots et paraisssent sculptées dans de l'ivoire.

Le point de France est une dentelle à larges mailles hexagonales, régulières, picotées, au milieu desquelles courent de charmants motifs fleuris ou ornementaux brodés en relief comme les fleurs du point Colbert mais plus délicats et plus fins.

Le Calvados produit encore une assez grande quantité de broderies sur filet très employées dans l'ameublement.

FIG. 160. — Point Colbert. — Travail à l'aiguille.

FIG. 161. — POINT COLBERT MODERNE.
Travail à l'aiguille, exécuté à Bayeux.

228 DENTELLES DU CALVADOS. XIX° SIÈCLE.

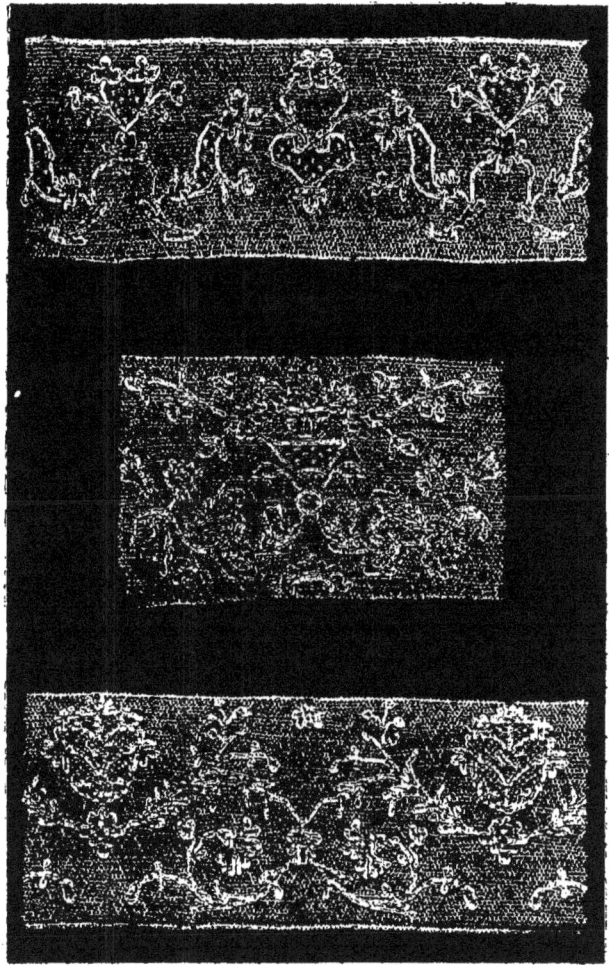

FIG. 162 à 165. — DENTELLES CHANTILLY BLANC FOND CHANT.
Exécutées aux fuseaux.
(Le fond chant est un réseau en losange traversé par un fil vertical.)

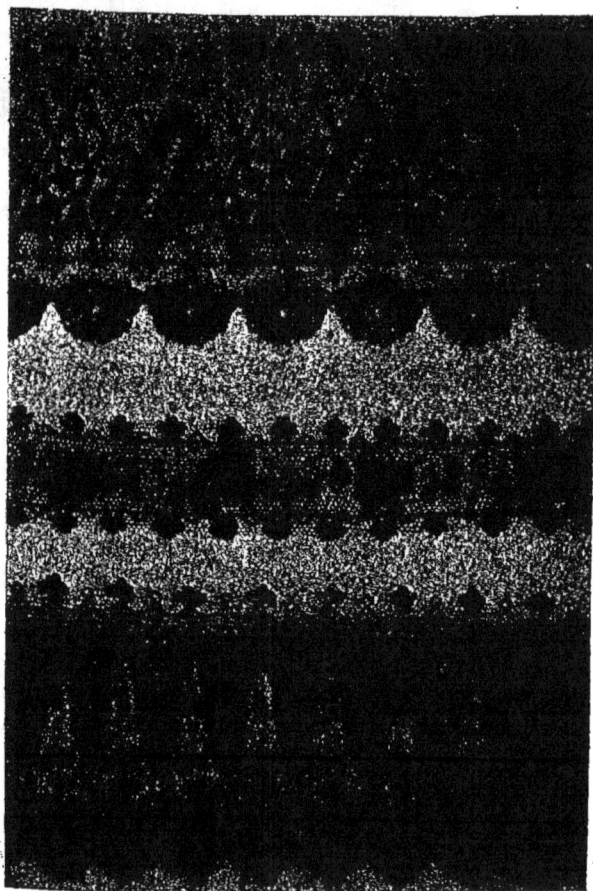

Fig. 166. — DENTELLES DE BAYEUX.
Exécutées aux fuseaux.

Fig. 167. — VOLANT EN CHANTILLY.
Exécuté aux fuseaux. Fabriqué à Bayeux.
(Offert à l'Impératrice en 1860, par la ville de Bayeux.)

Fig. 198. — VOLANT EN DENTELLE CHANTILLY.
Travail aux fuseaux. Fabriqué à Bayeux.

(Les Chantilly ont cessé d'être fabriqués à Chantilly et leur fabrication a été transportée en Calvados au XIXᵉ siècle.)

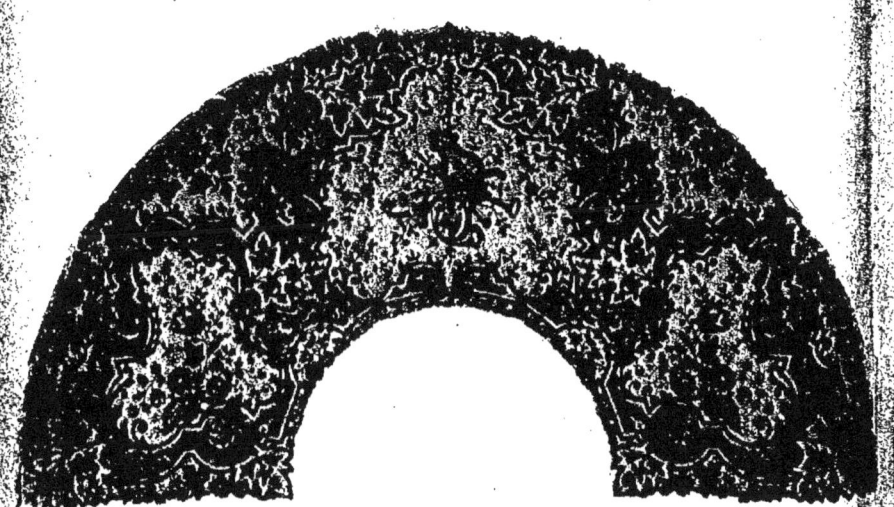

Fig. 169. — ÉVENTAIL, DENTELLE DE BAYEUX.

Fig. 170. — ÉVENTAIL, DENTELLE DE BAYEUX.

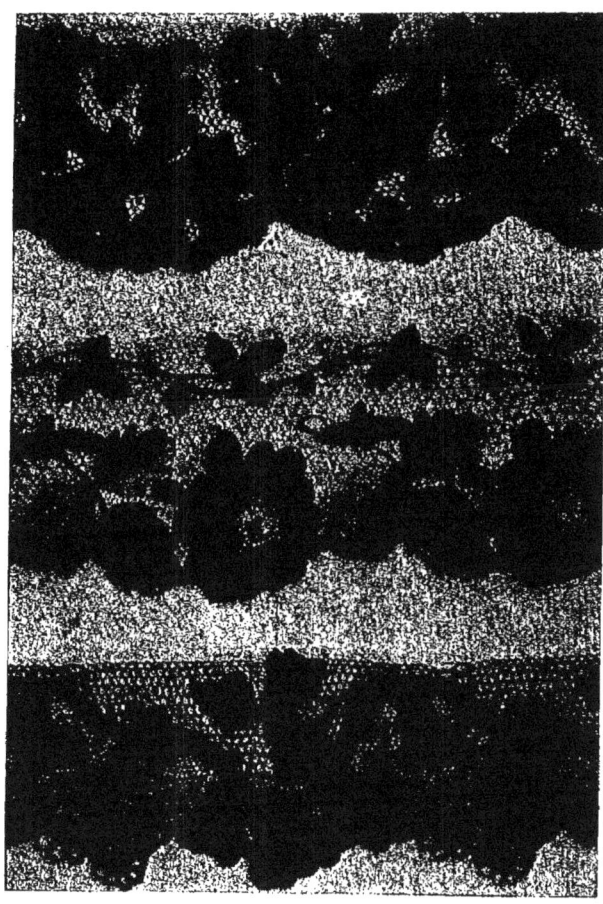

Fig. 171. — DENTELLES BLONDE.
Travail aux fuseaux, exécuté à Bayeux.

Fig. 172. — DENTELLE CHANTILLY.
Travail aux fuseaux. Fabriqué à Bayeux.

236 DENTELLE DU CALVADOS. XIXᵉ SIÈCLE.

Fig. 173. — VOLANT DE CHANTILLY.
Exécuté aux fuseaux. Fabriqué à Bayeux.

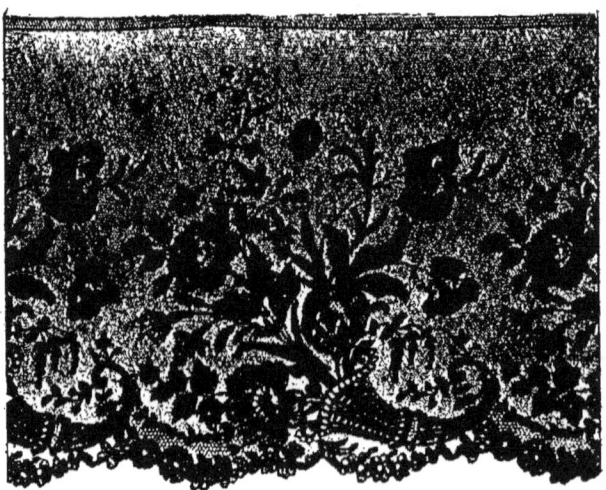

Fig. 174 et 175. — DENTELLES CHANTILLY.
Travail aux fuseaux. Fabriqué à Bayeux.

238 DENTELLE DU CALVADOS.

Fig. 176. — DEVANT DE ROBE DE BAPTÊME.
Dentelle de Chantilly, exécutée aux fuseaux.

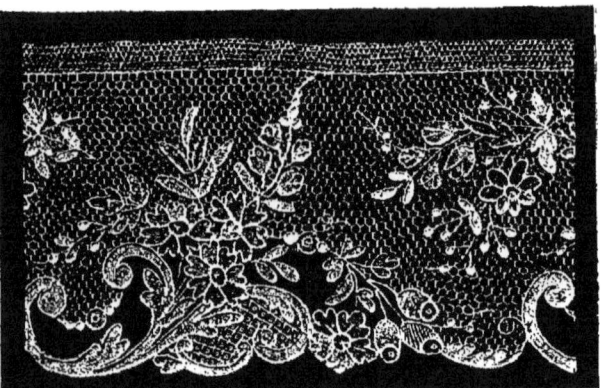
Fig. 177 — Point d'Argentan exécuté à l'aiguille (XIXe siècle).

L'ORNE.

Alençon a été au XVIIe siècle le premier centre en France pour la fabrication des dentelles à l'aiguille. On retrouve dès 1656 des actes de mariage dans lesquels sont mentionnés les genres de travaux au moyen desquels les jeunes filles avaient amassé les sommes qui constituaient leur dot : la profession de dentellière y est souvent désignée.

Lorsque Colbert conçut le projet de fonder des manufactures nationales, il choisit cette ville où les travaux de dentelles étaient déjà connus, pour y encourager, par une gratification de 36 000 livres, la fondation d'une compagnie chargée d'exploiter et de perfectionner la fabrication des dentelles. Cette compagnie fut bientôt très puissante, grâce au privilège qui lui était accordé ; elle fit venir de Venise vingt maîtresses d'ouvrages et établit des succursales à Sedan, Aurillac, Reims, Arras et Loudun. Chaque associé avait apporté 8 000 livres au capital social : les bénéfices furent considérables, car, dès la première année, chaque part du capital touche un bénéfice de 705 livres presque égal à la totalité de l'apport.

En 1675, le privilège ne fut pas renouvelé et, à partir de cette date, l'industrie dentellière put être librement exercée ; de nombreux documents démontrent que les fabricants s'insurgèrent toujours contre toute idée de nouveau privilège.

A Argentan, la fabrication aurait eu pour fondatrice une dame Raffy sans doute déléguée de la première Compagnie : dès le début on y fit une dentelle à mailles beaucoup plus larges que celles d'Alençon appelée fond bride et certainement très différente car en 1708, un marchand de Paris, voyant la fabrication d'Argentan presque abandonnée, proposa de reformer des ouvrières pour faire cette dentelle, qui, disait-il, tient à la fois du point de France et du point d'Angleterre. Ces termes s'expliquent fort bien, car dans les dentelles d'Argentan on mélangeait souvent les larges mailles qui tiennent du point de France avec un réseau très fin qui tient du point d'Angleterre.

Pendant la révolution française, le secret de cette fabrication spéciale avait été perdu et certains essais, faits en 1803 et 1804, pour le retrouver, étaient restés infructueux.

Un hasard curieux fit découvrir, en 1873, dans les combles de l'Hospice Saint-Jean-d'Argentan, un vieux carton contenant des fragments de parchemins sur lesquels étaient dessinées et même commencées des dentelles d'Argentan. Grâce à cette découverte, on a pu reprendre, à notre époque, cette fabrication et exécuter quelques beaux spécimens qui peuvent rivaliser avec les plus beaux points

DENTELLES FRANÇAISES — (L'ORNE). 241

d'Argentan anciens. La fabrication de la dentelle, dans le département de l'Orne, a été très active de 1840 à 1870.

Les points d'Alençon sont des dentelles à réseaux festonnés, quoique ces réseaux soient d'une finesse extrême et paraissent formés d'un fil sans feston. Pour donner aux reliefs des fleurs plus de vigueur et plus de rectitude, on introduit souvent sous les festons des fils de crin.

Les points d'Argentan, comme nous venons de le dire, diffèrent de ces derniers par leurs grosses mailles appelées brides, mélangées souvent aux mailles fines d'Alençon pour obtenir des contrastes d'un charmant effet.

Les points d'Alençon et d'Argentan sont des dentelles d'un prix élevé certainement, mais il faut suivre des yeux leur production, voir chaque morceau passer de mains en mains pour faire les réseaux, les jours et les remplis des fleurs, chaque ouvrière ayant sa spécialité, pour se rendre compte de l'immense somme de travail nécessaire pour réaliser ces merveilles.

Gardons-nous de leur faire un crime de ce prix; les choses chères sont l'apanage des vrais connaisseurs, et l'argent n'est jamais rare quand la Mode lui montre le chemin.

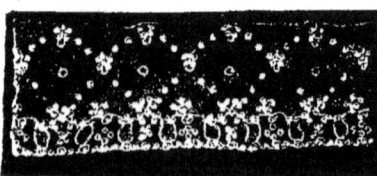

Fig. 178. — Dentelle d'Alençon (1ᵉʳ Empire).

Fig. 179. — POINT D'ARGENTAN, TRAVAIL A L'AIGUILLE.
Fig. 180. — POINT DE SEDAN, TRAVAIL A L'AIGUILLE.

Fig. 181 et 182. — FRAGMENTS D'UN COL ET RABAT EN POINT COLBERT.
Travail à l'aiguille. (Musée de Cluny.)

DENTELLE DE BORNE. (XVIIᵉ SIÈCLE.)

Fig. 183 et 184. — POINT COLBERT EXÉCUTÉ A L'AIGUILLE. (Musée des Arts décoratifs.)

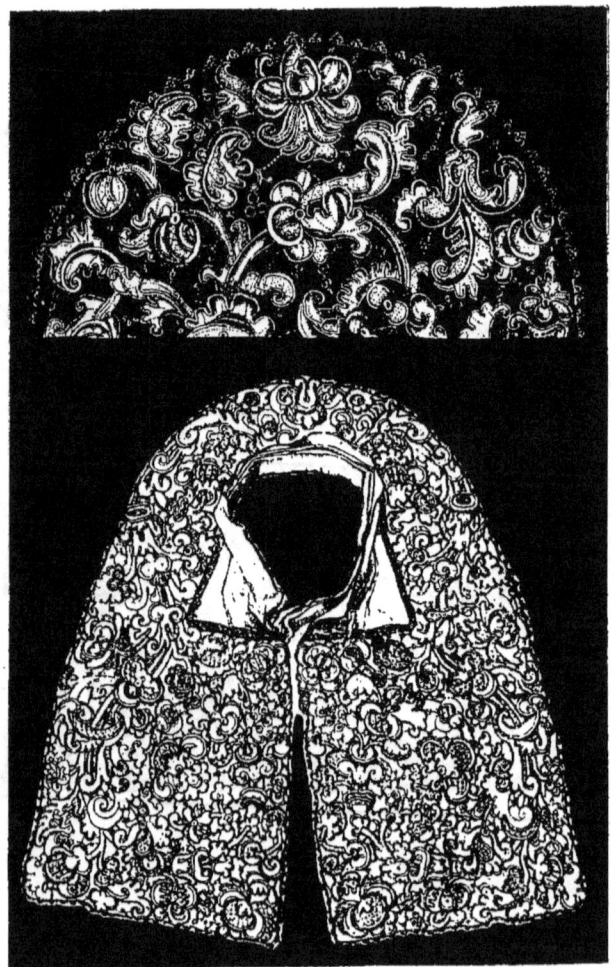

Fig. 185 et 186. — COL RABAT POINT COLBERT.
Exécuté à l'aiguille.

Fig. 187. — RABAT EN POINT COLBERT.
Exécuté à l'aiguille.

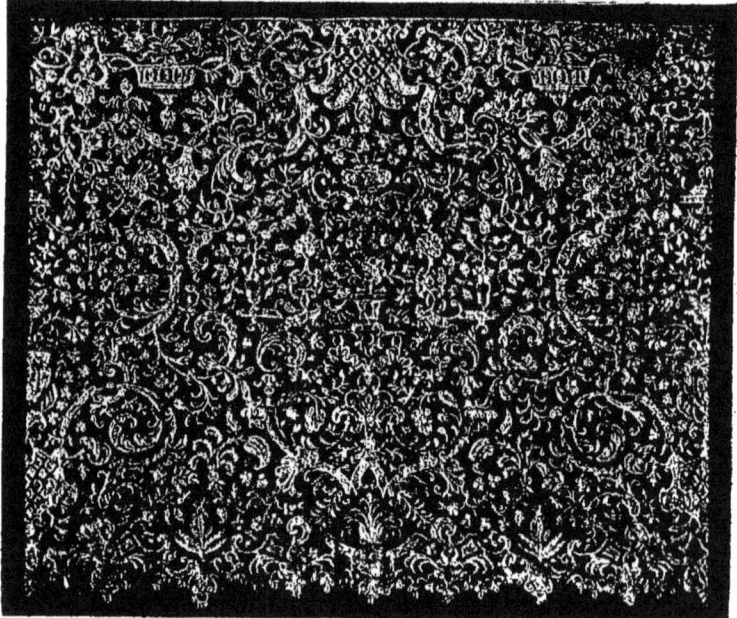

Fig. 188. — POINT DE FRANCE EXÉCUTÉ A L'AIGUILLE.
Donné par Mme Lionel Normant au Musée des Arts décoratifs.

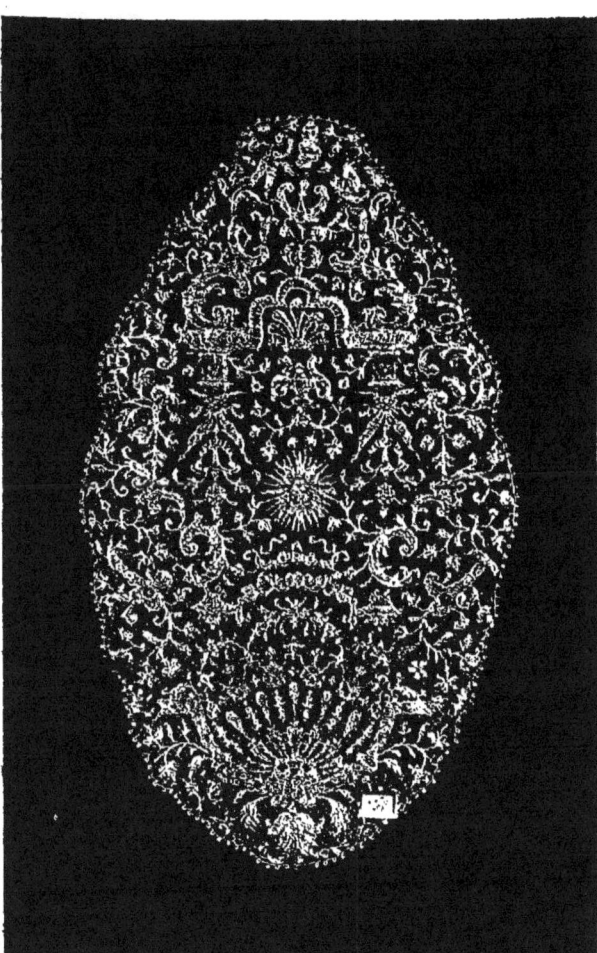

Fig. 189. — POINT DE FRANCE EXÉCUTÉ A L'AIGUILLE.
Collection de M⁻ᵐᵉ Porgès.

250 — DENTELLE DE L'ORNE. — XVIIIe SIÈCLE.

Fig. 190. — POINT DE FRANCE TRAVAIL A L'AIGUILLE.
Collection de Mme Doistau

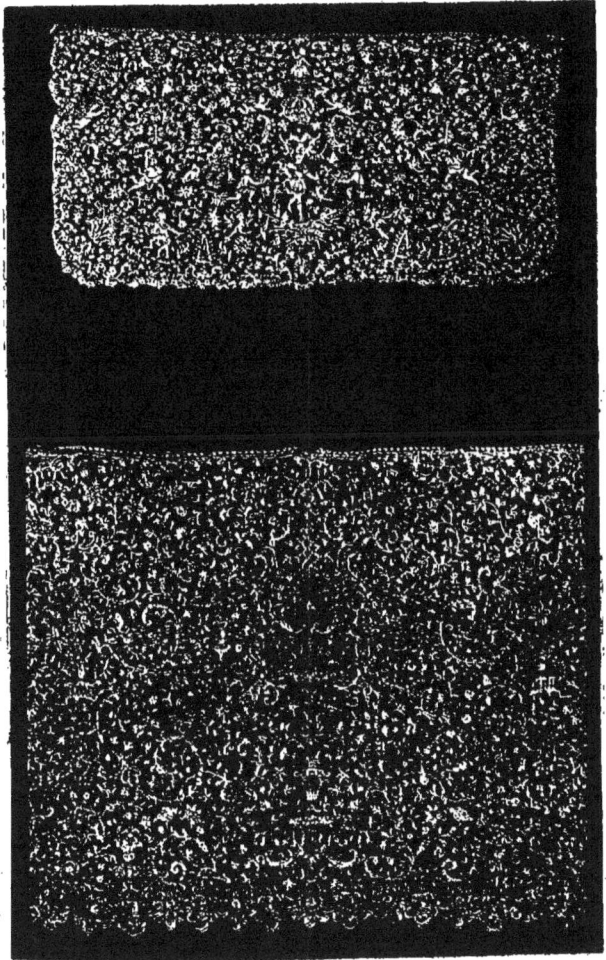

Fig. 191 et 192. — POINTS DE FRANCE EXÉCUTÉS A L'AIGUILLE.

DENTELLE D'ORNE. (XVIIIᵉ SIÈCLE.)

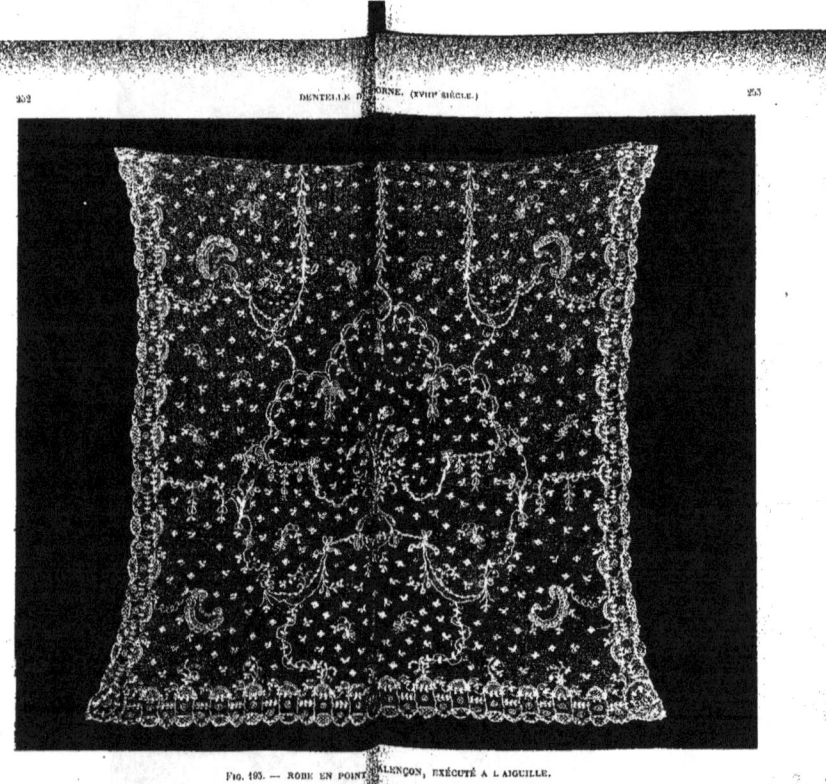

FIG. 195. — ROBE EN POINT D'ALENÇON, EXÉCUTÉ A L'AIGUILLE.

254   DENTELLE DE L'ORNE.   XVIIIᵉ SIÈCLE.

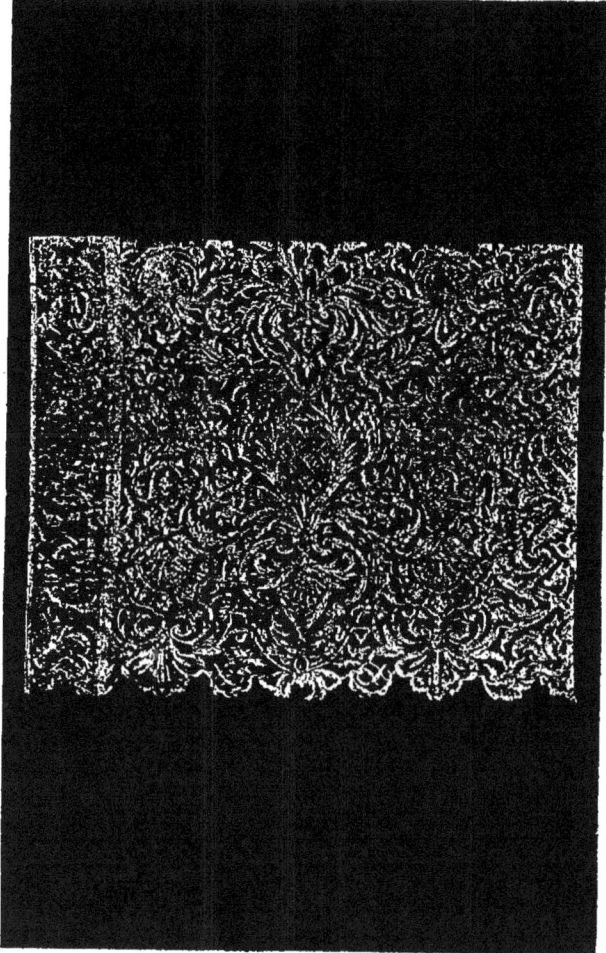

Fig. 194. — POINT DE SEDAN EXÉCUTÉ A L'AIGUILLE.
(Sedan était à la fin du xviiᵉ et au commencement du xviiiᵉ siècle
une succursale des manufactures d'Alençon.)

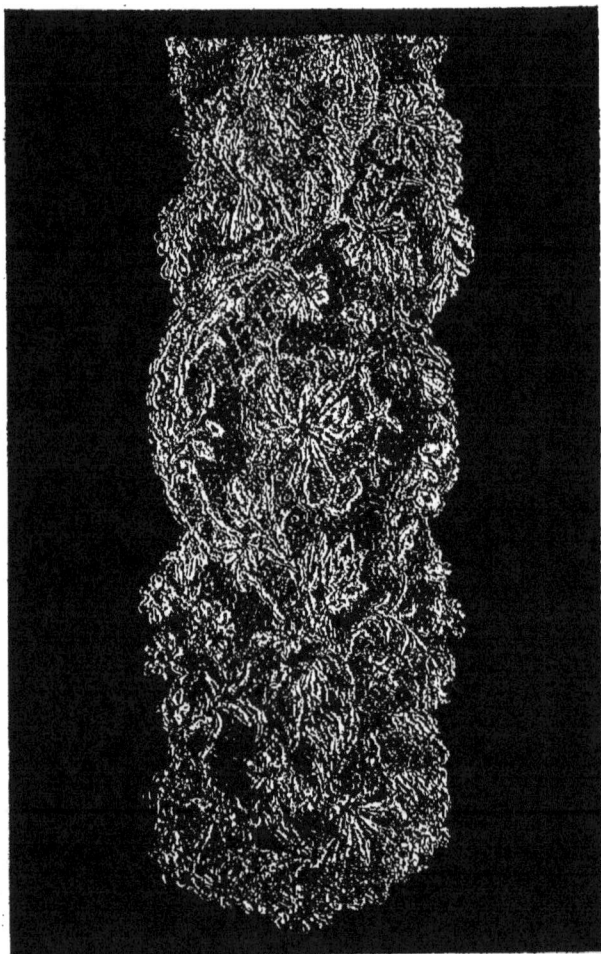

Fig. 195. — BARBE EN POINT D'ARGENTAN.
Travail à l'aiguille.

Fig. 196. — BARBE EN POINT D'ALENÇON.
Exécuté à l'aiguille. (South Kensington Museum.)

Fig. 197. — BARBE EN POINT D'ALENÇON.
Exécuté à l'aiguille.

Fig. 198 et 199. — POINTS D'ALENÇON. (1er EMPIRE.)
Exécutés à l'aiguille.

Fig. 200. — POINT D'ALENÇON.
Exécuté à l'aiguille.

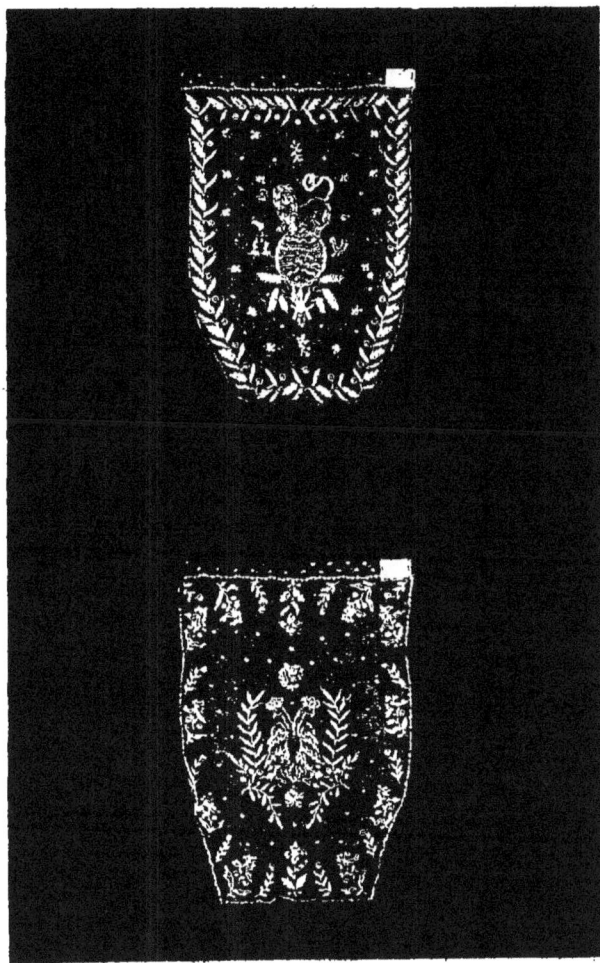

Fig. 201 et 202. — POINTS D'ALENÇON.
Exécutés à l'aiguille.

Fig. 203 et 204. — POINTS D'ALENÇON.
Exécutés à l'aiguille.

Fig. 205. — VOLANT EN POINT D'ALENÇON.
Exécuté à l'aiguille.

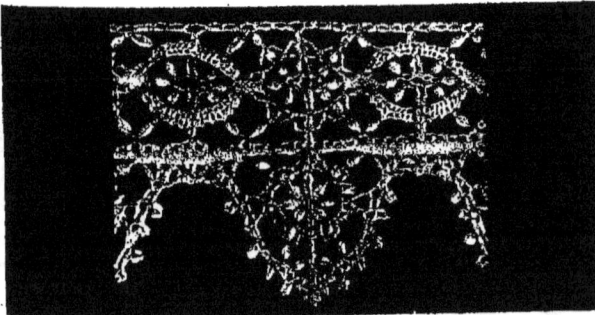

Fig. 206. — Passement exécuté au Puy.

LA HAUTE-LOIRE.

L'Auvergne et le Velay ont produit en France les premières dentelles aux fuseaux. Ce sont d'abord ces guipures connues sous le nom de passements, assez semblables, comme fabrication et comme dessins, aux passements italiens. Les modèles ont dû être apportés d'Italie par des colporteurs qui, depuis des temps reculés, portaient des cargaisons de marchandises des montagnes d'Auvergne en Italie et en Espagne. Ces premières dentelles sont encore connues sous le nom de *Las Pointas*, les pointes, parce que leurs dessins formaient des dents très aiguës et servaient, dès le xve siècle, à garnir les collerettes à gaudrons et les coiffures. Le commerce en fut d'abord très considérable, mais lorsque la mode vint aux dentelles plus légères et plus riches, l'Auvergne subit une crise très grave.

De tout temps cependant les ouvrières de cette contrée ont montré une grande souplesse et une grande habileté à s'assimiler beaucoup des genres de fabrication usités dans les autres pays.

Les guipures aux fuseaux sont les principales dentelles exécutées actuellement dans la Haute-Loire. On les appelle guipures du Puy et guipures de Craponne.

Lorsqu'elles sont très communes on les désigne souvent sous le nom de Dentelles Torchon ou lorsqu'elles sont très fines, sous celui de Dentelles Cluny.

D'où vient ce nom de Cluny? sans doute de ce que des dentelles de ce genre ont été exécutées pour faire des aubes et des rochets pour les moines de la célèbre abbaye.

En général les guipures du Puy sont exécutées avec des dessins géométriques réguliers et ne comportent pas de dessins fleuris, mais grâce à leur prix minime elles sont d'une très grande consommation pour la lingerie et l'ameublement. De plus elles peuvent être exécutées en matières très différentes telles que le coton, la soie, le crin, la laine, la paille, l'or ou l'argent. On en fait de blanches, de noires et de couleur. Grâce à cette variation de matière première qui suit la mode et aux prix de revient très réduits, la fabrication de la Haute-Loire a pu lutter contre la concurrence de la machine, car, l'imitation a toujours intérêt à copier les articles chers pour lesquels les écarts de valeur sont considérables plutôt que les articles bon marché dont la machine n'a jamais pu remplacer la solidité qui est leur principale qualité.

La Haute-Loire est la contrée qui occupe en France, actuellement, le plus grand nombre d'ouvrières.

LA HAUTE-SAÔNE.

La Haute-Saône occupe un très grand nombre d'ouvrières occupées surtout à faire de la dentelle renaissance qui a une grande vogue à cause de son prix modeste : cette dentelle est faite avec des lacets réunis à l'aiguille par des jours, des barrettes ou des mailles; souvent ces lacets sont appliqués sur un tulle. Ce département produit aussi une assez grande quantité de broderies sur filet et sur toile rappelant les anciens points coupés.

LES VOSGES.

La fabrique des Vosges dont le centre est à Mirecourt a une origine qui semble contemporaine de celle de la Haute-Loire. L'histoire rapporte que Claude Lorrain désirant aller en Italie y fut conduit tout jeune en 1644 par un de ses parents, marchand et fabricant de dentelles dans la contrée, qui voyageait pour ses affaires.

Les guipures des Vosges se distinguent de celles du Puy en ce que les fleurs sont généralement entourées d'un gros fil ou cordon qui donne à cette dentelle un relief très apprécié pour les dentelles d'ameublement. Leurs dessins qui forment souvent des arabesques leur ont valu, à cause de cela croyons-nous, le nom de dentelles arabes sous lequel on les désigne souvent.

A notre époque, le dessin a été beaucoup plus étudié dans les Vosges que dans la Haute-Loire et cette fabrique a produit de grandes pièces pour l'ameublement absolument remarquables qui ont trouvé, en Amérique surtout, de très nombreux amateurs, car cette dentelle est à la fois d'un prix très abordable et en même temps très décorative, très résistante et facile à blanchir.

Vers le milieu du xix⁰ siècle, on a fait, à Mirecourt, de l'application d'Angleterre assez semblable à celle exécutée en Belgique. Il est fâcheux que cette fabrication soit presque abandonnée.

Fig. 207. — Guipure du Puy. (xvii⁰ siècle.)
Exécutée aux fuseaux.

XIXᵉ SIÈCLE.   DENTELLES DE LA HAUTE-LOIRE.

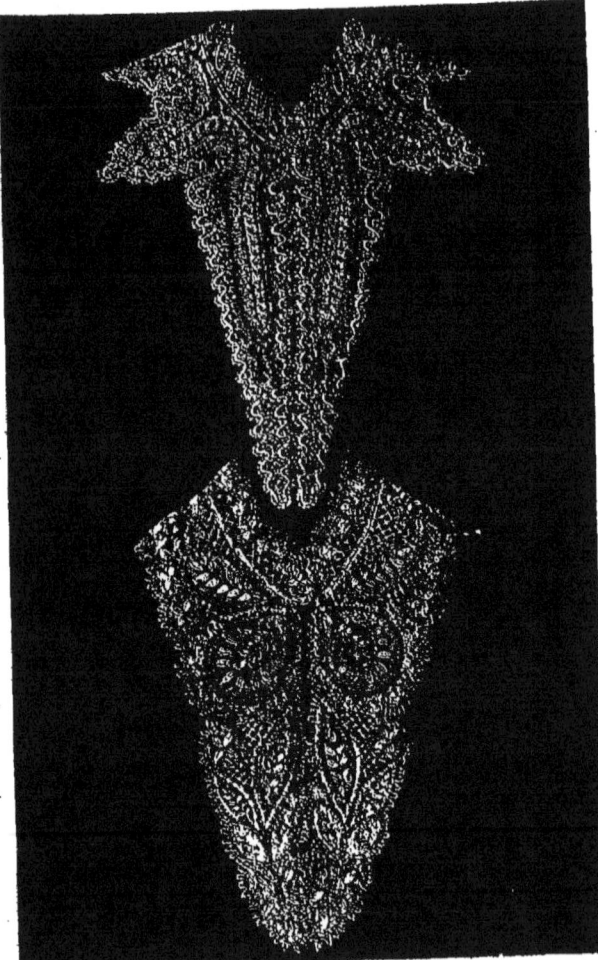

Fig. 208 et 209. — COLS EN DENTELLE DU PUY ET DE CRAPONNE.
Exécutée aux fuseaux.
(Les mots guipures du Puy, de Craponne, dentelles Torchon, dentelles Cluny
désignent des guipures aux fuseaux, du même genre, plus ou moins fines.)

Fig. 210 à 215. — GUIPURES DU PUY ET DE CRAPONNE.
Dentelles Torchon. Exécutées aux fuseaux.

Fig. 216. — GUIPURES FIL, DU PUY.
Exécutées aux fuseaux.

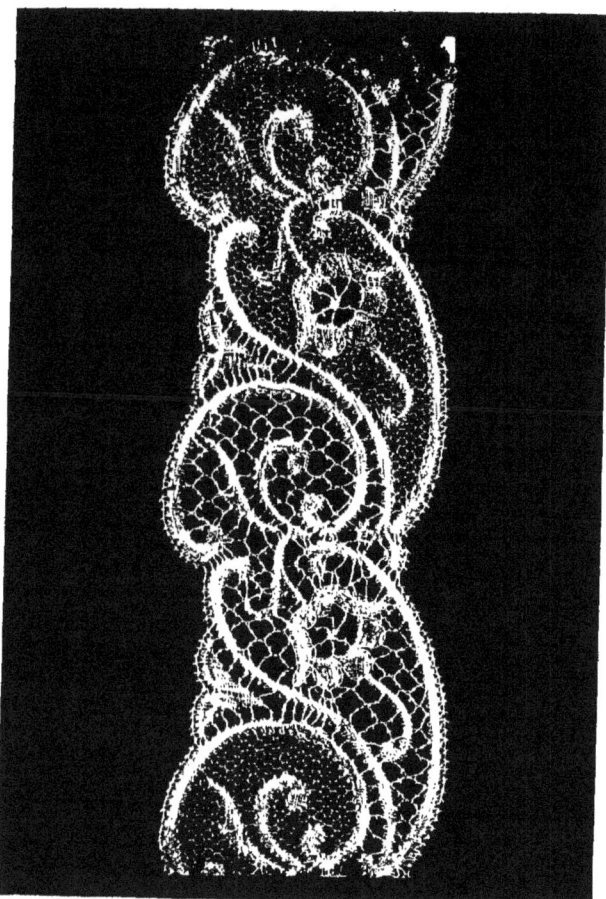

Fig. 217. — DENTELLE DU PUY.
Exécutée aux fuseaux.

Fig. 218. — GUIPURE DU PUY.
Exécutée aux fuseaux.

272 DENTELLE DE LA HAUTE-LOIRE. XIXᵉ SIÈCLE.

FIG. 219. — GUIPURE DU PUY, APPLIQUÉE SUR TULLE.
Exécutée aux fuseaux.

Fig. 220. — Imitation du Point d'Alençon.

LES IMITATIONS DE LA DENTELLE

La découverte de la fabrication de l'imitation de la dentelle par la machine a été certainement le plus beau triomphe du simili. Peu à peu, le procédé mécanique est arrivé à une ressemblance d'effet presque parfaite qui, à première vue, rend parfois la distinction délicate à faire, surtout pour le public mal renseigné, mal conseillé ou parfois responsable, nous allions dire coupable, d'une ignorance volontaire ou voulue; car, il n'est guère admissible de prétendre qu'on puisse être trompé dans ses achats. On porte sciemment des dentelles d'imitation.

Comment expliquer que la clientèle riche, qui ne vise pourtant pas à l'économie, ait accepté sans scrupule les imitations de dentelles véritables et se soit pour ainsi dire désintéressée des belles dentelles alors qu'un fait semblable, fort heureusement, ne se retrouve dans l'histoire d'aucune autre industrie de luxe, orfèvrerie ou bijouterie, qui cependant ont été, certes, aussi bien copiées, aussi bien imitées que la dentelle? On montre au doigt, on tourne en ridicule la femme qui se pare de bijoux faux, mais on sourit à la femme entourée de flots de fausses dentelles! Cela fait tant d'effet! Et tout bas, ces dignes filles d'Ève se disent entre elles que porter des imitations n'a guère d'importance, puisque les hommes n'y connaissent ou n'y reconnaissent rien.

En dehors du caractère artistique, que le crayon du dessinateur ou la main habile de l'ouvrière imprime à l'œuvre, sans se préoccuper de la qualité, de la solidité ou de la résistance, on a essayé d'oublier, pour la dentelle, que ce qui fait la valeur intrinsèque de toute chose, c'est la rareté, la difficulté du travail, l'habileté nécessaire à la production.

Bref, les femmes n'ont plus mis d'orgueil à se parer de dentelles de valeur : l'orgueil a fait faillite à la dentelle, cet orgueil qui n'a d'excuse que lorsqu'il est le soutien de la production artistique.

Un exemple fera facilement comprendre cette pensée et le remède nécessaire. Un bijoutier de mes amis me montrait, un jour, un diamant jaune et me le faisait admirer. Croyant que les diamants teintés avaient moins de valeur que les diamants très blancs, je le regardais un peu dédaigneux. Mais on me fit remarquer que la pierre était d'un jaune vert, couleur absinthe, et comme cette couleur est très rare, paraît-il, elle valait quinze à dix-huit mille francs. Je fus émerveillé à l'annonce de la somme, et personne ne doutera que la femme riche qui portera ce diamant saura le mettre en valeur et, au besoin, en indiquer le prix.

Pourquoi ne pas faire aux belles dentelles le même accueil? Leur production assez restreinte les rend presque aussi rares que les diamants absinthe; elles ont, sur les fourrures des animaux exotiques que l'on paie un prix élevé, l'avantage de représenter un peu d'invention et beaucoup de travail intelligent.

La découverte de la dentelle à la machine a répondu à un besoin de la démocratie moderne bouleversée de fond en comble par l'apparition des locomotives et des voies ferrées. Nous avons vu, dans notre siècle, disparaître peu à peu tous les usages et surtout tous les costumes locaux. Le mouvement, commencé par le chapeau venant supplanter la mantille, le bonnet ou la coiffe, s'est bientôt étendu à tout le costume; la femme de chambre s'est empressée d'adopter la robe de la maîtresse, la paysanne et la fermière celle de la châtelaine.

Ce n'est pas ici la place d'examiner la chose au point de vue moral; mais, au point de vue de l'art du costume, que n'a-t-on pas perdu? Ne rions pas des quelques savants, qui gardent précieusement, dans les musées les plus ignorés, au fond de la Bretagne par exemple, les débris de ces ravissants costumes de buré, aux couleurs éclatantes, ornés de dentelles ou de broderies locales, qui, le dimanche, au milieu de la verdure, jetaient des notes si gaies, à la sortie de la vieille église du village.

Donc, il a fallu habiller tout le monde en simili riches mondaines : c'est alors que la Dentelle mécanique a trouvé bien vite chez les femmes blanches et même chez les femmes noires du nouveau monde, un nombre incalculable de clientes, ravies de se parer, et dessus et dessous, des pieds à la tête avec beaucoup de dentelles imitation et très peu d'argent.

Ces débouchés considérables s'expliquent facilement auprès de la clientèle sans éducation artistique ou peu fortunée, mais, nous ne craignons pas de le dire, ne s'expliquent plus auprès des femmes du grand monde. N'est-il pas curieux de penser qu'en notre siècle où les notions d'art sont répandues à profusion et enseignées partout, où l'amour des antiquités fait qu'une femme saura à première vue discerner le style d'un ameublement ou d'un objet d'art, cette même femme ne sait faire aucune différence entre une dentelle imitation sans valeur et une dentelle d'art d'un grand prix?

Le premier métier à dentelle avait été inventé par un ouvrier bonnetier anglais, du nom de Hammond, qui, à Nottingham, parvint, vers 1768, à faire du tulle uni sur un métier à bas perfectionné. Le résultat fut d'abord assez médiocre; mais, plus tard, en 1809, deux autres ouvriers anglais, Heathcoat et Lurdley, perfectionnèrent complètement le métier à bas, prirent un brevet pour ce métier qu'ils appelèrent métier bobin et fondèrent définitivement l'industrie du tulle uni mécanique.

Sous Napoléon, malgré la guerre et les entraves commerciales de toutes sortes existant entre la France et l'Angleterre, quelques métiers à tulle furent apportés, morceau par morceau, jusqu'à Lyon; puis, en 1817, une fabrique se fonda à Saint-Pierre-lès-Calais, avec des métiers tirés d'Angleterre. Le tulle uni, une fois trouvé, on chercha bientôt à imiter la dentelle, en le brodant à la main et en formant ainsi des dessins avec de gros fils ou de grosses soies passées dans les mailles. C'est seulement en 1837 qu'on adapta au métier l'invention de Jacquart et qu'on put faire en une seule fois des tulles brochés, qui, peu à peu arrivèrent à copier presque tous les dessins de

LES IMITATIONS DE LA DENTELLE.

dentelles, en employant simultanément plusieurs grosseurs de fil.

La machine à broder a permis aussi grâce à un procédé chimique des plus ingénieux, d'imiter les guipures faites à l'aiguille, où les fleurs sont reliées par de jolies brides à picots. Des brodeurs suisses, spécialement à Saint-Gall, ont eu l'idée de broder des dessins de guipure avec des fils de coton blanc sur un fond de gaze en laine ou en soie. Puis, quand la broderie est faite, on la passe dans un bain alcalin qui détruit les fibres animales, comme la soie ou la laine, sans altérer le coton.

La broderie reste alors sans fond produisant des effets de points clairs qui ont permis d'aborder mécaniquement la copie des anciennes guipures de Venise. La Suisse et aussi la Saxe, tirent un très grand profit de l'habile exploitation de ce procédé chimique.

Les métiers à dentelles produisent annuellement, tant en France, qu'en Angleterre, en Suisse et en Allemagne pour environ 200 millions de marchandises. La ville de Calais vend à elle seule de 50 à 80 millions d'imitations de dentelles; pour faire ce chiffre énorme d'affaires elle ne possède que 1500 à 1800 métiers employant environ sept mille ouvriers ou ouvrières.

Quand on pense qu'une pareille consommation faite en dentelle à la main représenterait le gain annuel de 200 à 250 000 ouvrières et apporterait l'aisance dans autant de familles, on ne peut vraiment s'empêcher de regretter que tant d'argent destiné seulement au luxe des toilettes ne soit pas dépensé d'une façon plus raisonnée, laissant une plus grande place à l'industrie manuelle.

Un des faits qui a certainement contribué à établir une grande confusion dans l'esprit du public, c'est l'emploi que l'industrie mécanique a fait de tous les noms des dentelles qui appartiennent en propre à l'industrie manuelle.

Ainsi les noms de Chantilly, d'Alençon, de Venise, de Colbert, consacrés par des siècles exclusivement aux dentelles, sont aujourd'hui appliqués au hasard à n'importe quelle marchandise, broderies, draps, rideaux et les couvrent de leur réputation pour la complète confusion de l'acheteur. Ce pillage des noms est absolument entré dans les usages commerciaux et rien ne garantit les dentelles contre cet abus.

La première chose à faire serait donc de mettre un peu d'ordre dans les noms des Dentelles si l'on veut les reconnaître, car il ne faut pas oublier qu'il existe entre elles et leurs imitations les mêmes différences qu'entre la gravure et la photogravure, l'or et le doublé, le diamant et la verroterie.

Les noms sont pourtant leur marque de fabrique, n'ayant pas le poinçon pour les distinguer comme les métaux entre eux. L'emploi de leurs appellations par d'autres articles plus ou moins analogues crée non seulement des confusions, mais jette sur elles une défaveur qui leur fait le plus grand tort.

Les fabricants de vin de Champagne l'ont compris quand ils se sont ligués pour empêcher les fabricants de vin d'Anjou d'employer le mot Champagne pour désigner leurs vins.

Il y eut, à ce propos, un procès et un jugement en faveur des vins de Champagne.

La question qui, pour la dentelle, semble à première vue identique et présenter vis-à-vis de la concurrence les mêmes inconvénients et les même droits, est cependant plus complexe parce que beaucoup de dentelles portent encore le

LES IMITATIONS DE LA DENTELLE.

nom de villes où la fabrication a disparu telles que Chantilly ou Valenciennes. Ces noms, destinés à indiquer un genre et une qualité de dentelles, appartiennent-ils au domaine public?

La différence des prix ne peut même pas toujours servir de base pour s'y reconnaître, car la Suisse fabrique par exemple mécaniquement des broderies imitant les points de Venise qui se vendent au même prix que des Venise à l'aiguille malgré l'infériorité évidente de leur qualité; on leur trouve cependant des acheteurs qui ignorent sans doute que l'on fait à la main des dentelles charmantes, à des prix souvent modérés, réunissant les qualités solides et artistiques qu'on peut exiger d'une dentelle.

Fig. 224. — Venise moderne. — Copie d'ancien.

280   IMITATIONS DES DENTELLES FRANÇAISES.

Fig. 222. — IMITATION DE LA DENTELLE BLONDE.

IMITATIONS DES DENTELLES FRANÇAISES.

Fig. 225. — IMITATION DE LA DENTELLE CHANTILLY.

282   IMITATIONS DES DENTELLES FRANÇAISES.

FIG. 224. — IMITATION DE LA DENTELLE CHANTILLY.

Fig. 225. — IMITATION DE LA DENTELLE CHANTILLY.

284   IMITATIONS DES DENTELLES FRANÇAISES.

FIG. 226. — IMITATION DU POINT DE FRANCE.

Fig. 227. — IMITATION DE LA DENTELLE DE BRUGES.

286   IMITATIONS DES DENTELLES BELGES.

Fig. 228. — IMITATION DU POINT DE PARIS.

IMITATIONS DES DENTELLES BELGES.

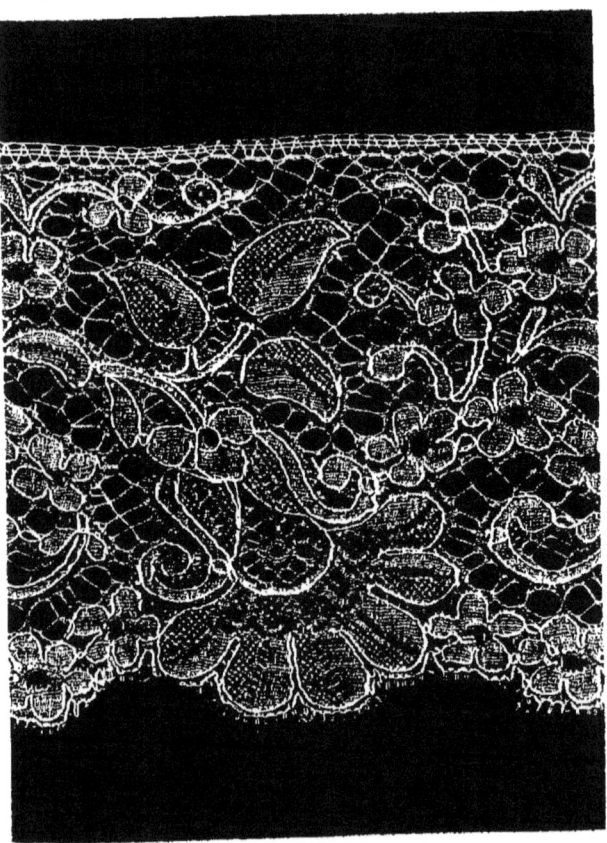

FIG. 229. — IMITATION DE LA DENTELLE DUCHESSE.

288   IMITATIONS DES DENTELLES BELGES.

Fig. 230. — IMITATION DU POINT DE BRUXELLES.

Fig. 231. — IMITATION DE LA DENTELLE MALINES.

290　　　IMITATIONS DES DENTELLES BELGES.

Fig. 232. — IMITATION DE L'APPLICATION D'ANGLETERRE.

Fig. 233. — IMITATION DE LA DENTELLE VALENCIENNES.

292 IMITATIONS DES DENTELLES ITALIENNES.

Fig. 234. — IMITATION DU POINT DE GÊNES.

IMITATIONS DES DENTELLES ITALIENNES.

FIG. 235. — IMITATION DU POINT DE VENISE.

Fig. 236. — IMITATION DU POINT DE VENISE.

 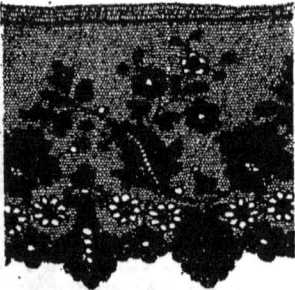

Fig. 257. — Dentelle Chantilly. Imitation exécutée à la machine.   Fig. 258. — Dentelle Chantilly véritable, exécutée aux fuseaux.

DENTELLES VÉRITABLES ET LEURS IMITATIONS

Existe-t-il entre les dentelles véritables et leurs imitations des différences, qui permettent de les distinguer sûrement entre elles ?

Telle est la question à laquelle nous allons tâcher de répondre. Évidemment, des différences très essentielles existent entre ces deux produits, d'une dissemblance absolue de fabrication : ces différences demandent cependant quelque connaissance et quelque habitude pour être distinguées à première vue, mais nous n'hésitons pas à affirmer qu'elles sont beaucoup plus palpables, si nous pouvons nous exprimer ainsi, que celles qui existent entre certaines matières premières, comme l'argent ou l'or et leurs imitations, en métal blanc argenté ou doré, pour lesquels on a dû recourir au poinçon, garanti par l'État.

Quelle méthode faut-il donc suivre pour discerner les dentelles ? La meilleure est l'observation et la comparaison personnelle, aidée des quelques renseignements que nous allons donner.

Les dessins des dentelles véritables, quelque artistiques qu'ils soient, sont généralement d'un goût sobre, l'effet cherché étant plutôt demandé à la finesse et à la perfection du travail qu'à celui produit par la disposition du dessin : les dentelles imitation souvent copient, aussi exactement que possible, ces dessins; toutefois, dans les dentelles mécaniques, les raccords, c'est-à-dire la répétition des motifs, sont généralement plus rapprochés, plus serrés que dans les dentelles à la main, sauf quand cette répétition très rapprochée des motifs est un effet voulu et cherché, comme dans presque toutes les dentelles de l'époque Louis XVI.

Le toucher joue un rôle assez important, qu'il est utile de signaler; les apprêts des dentelles imitation sont généralement durs et cassants : la matière première employée perd une partie de sa douceur, de son brillant, de son soyeux, au passage dans les broches de la machine. Cette différence de toucher est très sensible dans les imitations de Valenciennes, de Chantilly ou de blonde : les dentelles véritables, au contraire, sont ordinairement souples, d'un toucher onctueux. Une femme espagnole n'achètera jamais une mantille de blonde ou de Chantilly véritable, sans en frôler son visage, et souvent la douceur de la soie l'emportera sur la qualité ou la beauté du dessin. On peut donc, avec une certaine habitude, distinguer, au toucher seul, certaines dentelles vraies de leurs imitations.

Au point de vue de la fabrication, la machine donne aux dentelles mécaniques une régularité absolue, mais affreusement monotone; s'il se produit un léger défaut, on le retrouve, méthodiquement répété, d'un bout à l'autre de la pièce. Le tissage et le brochage de la machine forment, dans l'intérieur des fleurs, des tissus serrés et épais, qui n'ont jamais la transparence et le modelé des fonds obtenus par l'aiguille ou les fuseaux. Les dentelles véritables sont irrégulières, d'une irrégularité charmante, où l'on sent l'effort et l'hésitation de la main, hésitation que l'on retrouve aussi dans la ciselure, la gravure ou la sculpture du bois ou du métal.

Les picots, extrêmes bords bouclés de la dentelle, sont exécutés en même temps dans les travaux manuels; ils sont, au contraire, souvent rapportés après coup dans les dentelles à la machine et simplement cousus au bord.

Enfin, les dentelles imitation sont généralement fabriquées par bouts, soit de 4 mètres, soit de 11 mètres, selon qu'elles sont produites par des métiers suisses ou des métiers anglais ou français. Les dentelles véritables, au contraire, sont faites par métrages souvent irréguliers, et les coutures, s'il en existe, et si elles sont visibles dans les pièces, se répètent à intervalles variés.

Ces distinctions ont besoin d'être consacrées par une étude et une observation personnelle; supposez, cependant, qu'en présence d'un rang de perles noires, on vous signale la présence d'une perle fausse admirablement imitée, comme on sait le faire aujourd'hui, saurez-vous la distinguer immédiatement et plus facilement qu'une dentelle vraie de son imitation? D'ailleurs, au moment de l'achat, il est facile de prendre la précaution d'exiger du vendeur une facture mentionnant les mots « Dentelle Véritable » qui permettraient d'exercer un recours en cas de tromperie.

Aux différences que nous venons de signaler, nous pouvons encore faire appel à la distinction morale. Plus grande

298 DENTELLE FABRIQUÉE MÉCANIQUEMENT.

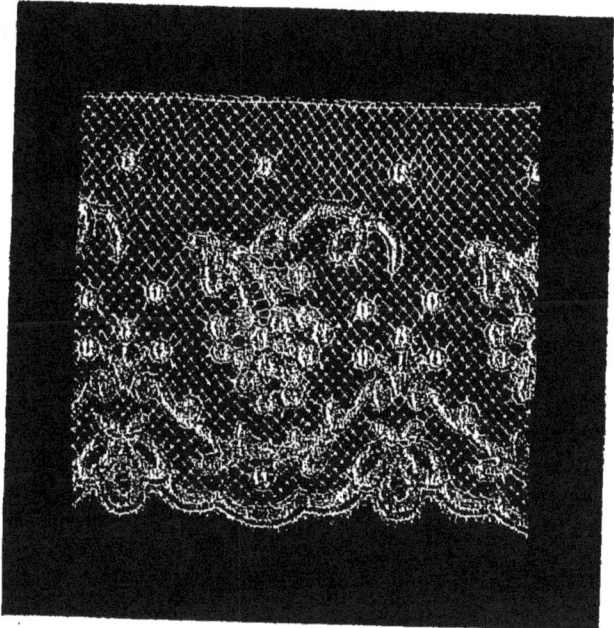

Fig. 259. — IMITATION DE VALENCIENNES FABRIQUÉE MÉCANIQUEMENT.

DENTELLE EXÉCUTÉE AUX FUSEAUX.

Fig. 240. — DENTELLE VALENCIENNES VÉRITABLE
Exécutée aux fuseaux.

sera la profusion des dentelles, plus l'effet produit sera séduisant par la finesse, la richesse, la quantité, souvent peu en rapport avec la situation de celle qui les porte, plus vous aurez de chance de vous trouver en face d'imitations, car si vous voyez apparaître une femme d'une condition modeste surchargée de diamants, dont un seul représenterait par sa grosseur une fortune, n'auriez-vous pas des doutes sur l'authenticité de ces pierres?

Hélas! sur le terrain du clinquant, la pente est devenue bien glissante de nos jours, et ce n'est pas sans crainte que nous constatons l'ouverture journalière de nouvelles boutiques, remplies de tout ce qui excite au faux luxe, étincelantes de lumières et toutes resplendissantes de cette électricité qui, à force d'éblouir l'œil, semble donner des feux même aux plus viles matières.

Il faut espérer, cependant, qu'en présence de cette lutte du vrai et du faux luxe, de la machine contre la main habile de l'ouvrière, il se trouvera toujours des femmes fortunées qui, par naissance, par goût et par éducation, continueront à comprendre et à encourager l'art de la dentelle et toutes ses subtilités, qui sauront reconnaître, dans l'aiguille ou les fuseaux de la dentellière, l'instrument conduit par la main intelligente et habile, comme le sont le pinceau, le crayon ou le burin par la main pensante et créatrice de l'artiste. Il faut espérer que la Mode, guidée et encouragée par celles qui en sont les initiatrices et les arbitres, continuera à ramener le goût du public vers ces exquis travaux exécutés dans les chaumières de nos villages, près du foyer, par l'épouse ou la mère de famille, ainsi arrachée au contact pernicieux de l'usine.

Fig. 241. — Dentelle Chantilly. (xviiie siècle.)

CONCLUSIONS

LA RÉNOVATION DE LA DENTELLE

La dentelle, malgré les crises diverses que nous venons de signaler malgré la concurrence de la machine, a lutté et résisté partout aussi bien à l'étranger qu'en France.

Nous croyons que la France surtout a un intérêt supérieur de premier ordre, à entretenir la prospérité de cette industrie qui est liée étroitement à celle de son agriculture parce qu'elle retient les bras dans les campagnes et arrête l'exode vers les villes.

La supériorité de notre fabrication est incontestable mais elle a besoin d'être défendue contre nos concurrents dont les salaires souvent moins élevés et les qualités inférieures ne sont pas toujours compensés par des droits d'entrée très minimes prélevés sur les dentelles étrangères. Nous croyons donc devoir signaler à nos lectrices une des formes du patriotisme qu'elles sont seules capables de mettre en pratique. Nous leur rappellerons d'abord que tous les acheteurs du monde viennent en France, et surtout à Paris, prendre leurs modèles, ainsi que toutes les idées neuves de la Mode, car ils reconnaissent que Paris est l'arbitre du bon goût et le prophète de l'élégance. Ce principe étant admis, la Française songe-t-elle quelquefois en faisant ses commandes, que les garnitures qu'elle adopte pour ses robes et ses manteaux deviendront souvent celles qui, pendant une période plus ou moins longue, seront seules à la mode et achetées, par conséquent, par l'ancien et le nouveau monde, sans discussion, par ce seul fait qu'elle les aura portées?

Vous remplissez souvent, Mesdames, par l'élégance de vos toilettes, sans vous en douter peut-être, le rôle prépondérant au point de vue du goût, que jouaient, jadis, à la cour de France, les Diane de Poitiers, les Pompadour, les Marie-Antoinette ou les Marie-Louise. Nos belles artistes aussi, si jalouses de défendre par leur talent notre art dramatique, savent-elles, puisque la mode naît souvent au théâtre, qu'en étalant aux yeux du public des dentelles, des broderies ou des passementeries d'origine étrangère, elles canalisent, vers les pays qui les produisent, les achats du monde entier, au détriment de notre production nationale?

Ce raisonnement peut s'appliquer à toutes les industries de luxe, qu'elles concernent la toilette ou même l'ameublement.

Si donc, par un patriotisme qui peut s'allier sans peine aux principes de l'élégance, quelques femmes du monde savaient de temps à autre prêter l'appui de leurs grâces aux dentelles françaises, si nos couturiers et nos couturières si justement renommés les y encourageaient, qui refuserait de les applaudir? Et les ouvrières, du fond de la Normandie, de l'Auvergne et des Vosges, joyeuses de travailler, demanderaient peut-être, en signe de remerciements, la permission de tresser, à leurs aimables protectrices, des couronnes de roses avec les fleurs des haies.

Pour mériter un tel appui, il faut avant tout ne pas laisser abaisser la qualité de notre fabrication. Le rôle de l'État a été très bien compris par le Parlement qui a voté la loi de 1905 sur l'apprentissage de la dentelle.

L'article premier de cette loi permettra de former dans nos écoles de nouvelles recrues d'ouvrières qui deviendront plus habiles que nulle part ailleurs.

Le second article prévoit avec beaucoup de sagesse l'encouragement de l'éducation artistique des dessinateurs. Il permettra sans doute, par ces cours et des conférences faits par des hommes très autorisés, d'apprendre à tous, ouvrières, fabricants ou acheteurs à distinguer ce qui est vraiment beau, à l'aimer, à le produire, en s'inspirant sans cesse du livre merveilleux de la nature, à écarter enfin de nous tout ce qui choque l'admirable intuition artistique à laquelle a toujours obéi, dans ses œuvres, notre beau pays de France.

Déjà la Chambre syndicale des Dentelles et Broderies de Paris, mettant ces théories en pratique, patronne depuis plusieurs années une École où des cours spéciaux sont faits aux jeunes gens et aux jeunes filles sur le dessin de la Dentelle et de la Broderie. Une commission composée de fabricants et de négociants, sous la présidence de M. Laurent Pagès, surveille ces cours et organise de temps à autre des conférences pratiques faites aux élèves par l'un ou l'autre des membres de la Chambre syndicale.

Cette organisation donne de bons résultats et actuellement l'ouverture de cours semblables est étudiée dans les centres dentelliers en Normandie et dans le département de la Haute-Loire.

Puissent tous ces efforts produire de bons résultats afin de maintenir la vieille et grande réputation des belles dentelles françaises !

Fig. 242. — Point d'Alençon.

LA RÉNOVATION DE LA DENTELLE.

FIG. 243. — ROBE D'ENFANT, EN POINT D'IRLANDE.

Fig. 244. — Col Anne d'Autriche.
(Document gravé d'après une médaille du xviie siècle.)

Fig. 245. — Dentelle de Valenciennes (xixᵉ siècle).

TABLE DES PLANCHES OU FIGURES

                                                         Pages.

Fig. 1. Portrait de Colbert . . . . (En regard du titre)
Fig. 2. Dentellières aux fuseaux (xviiiᵉ siècle)   7
Fig. 3. Métier à dentelles employé dans les Flandres 15
Fig. 4. Dentellière (xviiiᵉ siècle). 16

GENRES DE DENTELLES

Fig. 5. Dessin de dentelle (xviᵉ siècle) 17
Fig. 6. Dentelle Venise, exécutée à l'aiguille (xviᵉ siècle). . . 18
Fig. 7. Point Colbert, moderne, exécuté à l'aiguille 19
Fig. 8. Carte piquée pour exécuter une dentelle aux fuseaux. 20
Fig. 9. Dentelles d'Irlande, exécutées au crochet. 22
Fig. 10. Point d'Irlande. 22

ORIGINE DE LA DENTELLE

Fig. 11. Point de Venise, travail à l'aiguille (xviᵉ siècle). . . . 23
Fig. 12. Dentelle de Venise, exécutée à l'aiguille et destinée à
       garnir des collerettes (xviᵉ siècle) 24

LE LUXE DES DENTELLES

Fig. 13. Point de Venise, exécuté à l'aiguille (xviiᵉ siècle). . . 25
Fig. 14. Col et canons en passement. 38
Fig. 15. Ouvrière dentellière (xviiᵉ siècle) 40
Fig. 16. Col à gaudrons garni de passement 41
Fig. 17. Collerette à fraises en point de Venise. 42
Fig. 18. Col à gaudrons en point de Venise. 43
Fig. 19. Col garni de passement. 44
Fig. 20. Collerette gaufrée garnie en point de Venise. 45

TABLE DES PLANCHES OU FIGURES.

	Pages.
Fig. 21. Col garni de passement	46
Fig. 22. Col en passement	47
Fig. 23. Col en passement	48
Fig. 24. Col garni de passement	49
Fig. 25. Collerette garnie de point de Venise	50
Fig. 26. Col garni de guipure de Venise	51
Fig. 27. Col plat garni de point de Venise	52
Fig. 28. Col garni de guipure de Venise	53
Fig. 29. Col en point de Venise	54
Fig. 30. Collerette garnie de point de Venise	55
Fig. 31. Collerette gaufrée, garnie de passement	56
Fig. 32. Col et manchettes garnis de guipure de Venise	57
Fig. 33. Col en broderie à points coupés, garni de point de Venise	58
Fig. 34. Col garni de point de Venise	59
Fig. 35. Col et manchettes en batiste, garnis de point de Venise	60
Fig. 36. Col plat, garni de dentelle de Venise	61
Fig. 37. Col plat, garni de point de Venise	62
Fig. 38. Col garni de point de Venise	63
Fig. 39. Col plat, garni de point de Venise	64
Fig. 40. Col plat à dents, garni de point de Venise	65
Fig. 41. Col garni de point Colbert	66
Fig. 42. Col plat et manchettes garnis de passement	67
Fig. 43. Col rabat en point Colbert	68
Fig. 44. Cols et manches garnis de point de Venise	69
Fig. 45. Col à gaudrons	70
Fig. 46. Col en point de Venise	71
Fig. 47. Rabat en point Colbert	72
Fig. 48. Col rabat, garni de point Colbert	73
Fig. 49. Col en point Colbert	74
Fig. 50. Col plat, garni de point Colbert	75
Fig. 51. Rabat et manchettes en point de France	76
Fig. 52. Col rabat en point Colbert	77
Fig. 53. Rabat en point de France	78
Fig. 54. Cravate en point de France	79
Fig. 55. Jabot et manchettes en point d'Alençon	80
Fig. 56. Jabot et manchettes en point d'Alençon	81
Fig. 57. Corsage garni de point d'Alençon	82
Fig. 58. Col et bonnet en point d'Alençon	83
Fig. 59. Rabat en point d'Alençon	84
Fig. 60. Garniture de corsage en application d'Angleterre	85
Fig. 61. Costume garni de dentelles	86
Fig. 62. Costume garni de dentelles	87
Fig. 63. Jabot en point d'Alençon	88
Fig. 64. Rochet garni de dentelle en point de France	89
Fig. 65. Jabot en point d'Alençon	90

TABLE DES PLANCHES OU FIGURES. 309

Pages.

Fig. 66. Jabot en point d'Alençon. 91
Fig. 67. Métier à dentelle (XVIIᵉ siècle). 92

LA DENTELLE EN FRANCE AU XXᵉ SIÈCLE

Fig. 68. Point Colbert exécuté à Bayeux. 93
Fig. 69. Têtière en filet brodé, exécutée dans le Calvados. . 134

LES DENTELLES ITALIENNES

Fig. 70. Point de Venise (XVIᵉ siècle). 135
Fig. 71. Guipure. Point de Gênes (XVIIᵉ siècle) exécuté aux fuseaux. 140
Fig. 72 et 73. Points de Venise exécutés à l'aiguille. 141
Fig. 74. Point de Venise exécuté à l'aiguille. 142
Fig. 75. Points de Venise (XVIᵉ et XVIIᵉ siècles) exécutés à l'aiguille. 143
Fig. 76. Point de Venise (XVIIᵉ siècle) exécuté à l'aiguille. . 144
Fig. 77 et 78. Cols en dentelles de Venise, exécutés à l'aiguille. 145
Fig. 79 et 80. Point de rose italien, travail à l'aiguille. . . . 146
Fig. 81. Copie moderne de point d'Alençon ancien. 147
Fig. 82. Copie moderne d'un point de Sedan ancien, exécutée en Italie, travail à l'aiguille. 148, 149
Fig. 83. Copie moderne d'un point d'Alençon ancien, exécutée en Italie, travail à l'aiguille. 148, 149
Fig. 84. Point de Gênes, exécuté aux fuseaux. 150
Fig. 85 et 86. Points de Gênes, exécutés aux fuseaux. . . . 151
Fig. 87 et 88. Points de Gênes, exécutés aux fuseaux. . . . 152
Fig. 89. Point de Milan, exécuté aux fuseaux. 153
Fig. 90. Mauvaise copie moderne d'un dessin de point d'Alençon, exécutée en Italie. 154
Fig. 91. Original du dessin point d'Alençon. 155
Fig. 92. Col en point de Venise (XVIIᵉ siècle). 156

LES DENTELLES BELGES

Fig. 93. Véritable réseau (XVIIIᵉ siècle). 157
Fig. 94. Col en dentelle de Flandres (XVIIIᵉ siècle). 162
Fig. 95. Couvre-lit en filet. 163
Fig. 96. Dentelle Binches exécutée aux fuseaux. 164
Fig. 97. Dentelle Binches exécutée aux fuseaux. 165
Fig. 98 et 99. Points de Flandres exécutés aux fuseaux. . . 166
Fig. 100 et 101. Dentelles de Flandres à mailles et barettes exécutées aux fuseaux. 167
Fig. 102 à 104. Points de Flandres exécutés aux fuseaux. 168, 169
Fig. 105. Dentelle duchesse exécutée aux fuseaux. 170
Fig. 106. Col en point de Flandres exécuté aux fuseaux. . . 171
Fig. 107. Fragment d'une barbe en malines exécutée aux fuseaux. 172

TABLE DES PLANCHES OU FIGURES.

Pages.

Fig. 108 et 109. Dentelles malines exécutées aux fuseaux... 173
Fig. 110 à 112. Points de Paris exécutés aux fuseaux..... 174
Fig. 113 à 115. Points d'Angleterre sur vrai réseau...... 175
Fig. 116 et 117. Points d'Angleterre. Travail aux fuseaux.... 176
Fig. 118 à 120. Points d'Angleterre exécutés aux fuseaux... 177
Fig. 121. Fragment d'une barbe en point d'Angleterre..... 178
Fig. 122. Barbe en point d'Angleterre............ 179
Fig. 123 et 124. Application d'Angleterre sur véritable réseau. 180
Fig. 125 à 127. Application d'Angleterre sur tulle à la mécanique. 181
Fig. 128. Dentelle Valenciennes................ 182
Fig. 129 à 131. Point de Bruxelles ou point à l'aiguille..... 183
Fig. 132. Col en point à l'aiguille............ 184, 185
Fig. 133 et 134. Points à l'aiguille ou points gaze, modernes. 186
Fig. 135. Application d'Angleterre sur tulle à la mécanique.. 187
Fig. 136. Point d'Angleterre sur réseau à l'aiguille...... 187
Fig. 137 et 138. Valenciennes Brabant, pour robes....... 188

LES DENTELLES ANGLAISES

Fig. 139. Points d'Irlande (xixe siècle) exécutés au crochet.. 189
Fig. 140. Dentelle d'Irlande exécutée au crochet........ 190
Fig. 141 et 142. Dentelles Honiton.............. 191
Fig. 143. Point d'Irlande, crochet moderne........... 192
Fig. 144. Dentelle Honiton................. 193
Fig. 145. Point d'Irlande fin................ 194
Fig. 146. Point d'Irlande gros, à reliefs............ 195
Fig. 147. Dentelle à l'aiguille................ 196

LES AUTRES DENTELLES ÉTRANGÈRES

Fig. 148. Dentelle allemande (xviie siècle). Suède....... 197
Fig. 149. Dentelle de fil (xixe siècle)............. 198
Fig. 150. Mac-Ramé.................... 199
Fig. 151. Blonde de fil de Barcelone exécutée aux fuseaux. 200, 201
Fig. 152. Guipure d'or.................... 202
Fig. 153. Guipures découpées en dentelles........... 203
Fig. 154. Broderie sur tulle et guipure............ 204
Fig. 154 bis. Broderie sur réseaux et guipures......... 205
Fig. 155. Guipures exécutées aux fuseaux........... 206
Fig. 156. Dentelles Nansouty................ 208

LES DENTELLES FRANÇAISES

Fig. 157. Point de France (xviie siècle)............ 209
Fig. 158. Dentelle noire de Chantilly............. 210
Fig. 159. Point Colbert, travail à l'aiguille.......... 211
Fig. 160. Point Colbert................... 226
Fig. 161. Point Colbert moderne............... 227
Fig. 162. Dentelle Chantilly................. 228
Fig. 163 à 165. Dentelles Chantilly blanc, fond chaut..... 228

TABLE DES PLANCHES OU FIGURES.

Pages.

Fig. 166. Dentelles de Bayeux. 229
Fig. 167. Volant en Chantilly. 230
Fig. 168. Volant en dentelle Chantilly. 231
Fig. 169 et 170. Éventails, dentelle de Bayeux 232
Fig. 171. Dentelle blonde 234
Fig. 172. Dentelle Chantilly. 235
Fig. 173. Volant Chantilly. 236
Fig. 174. Dentelles Chantilly 237
Fig. 175. Dentelles Chantilly. 237
Fig. 176. Devant de robe de baptême 238
Fig. 177. Point d'Argentan exécuté à l'aiguille. 239
Fig. 178. Dentelle d'Alençon (1er Empire). 241
Fig. 179 et 180. Point d'Argentan et Point de Sedan. 242
Fig. 181 et 182. Fragments d'un col et rabat en point Colbert. 243
Fig. 183 et 184. Point Colbert exécuté à l'aiguille. . . . 244, 245
Fig. 185 et 186. Col rabat point Colbert. 246
Fig. 187. Rabat en point Colbert. 247
Fig. 188. Point de France exécuté à l'aiguille. 248
Fig. 189. Point de France, travail à l'aiguille 249
Fig. 190. Point de France, travail à l'aiguille 250
Fig. 191 et 192. Points de France exécutés à l'aiguille. 251
Fig. 193. Robe en point d'Alençon, exécutée à l'aiguille. . 252, 253
Fig. 194. Point de Sedan, exécuté à l'aiguille. 254
Fig. 195. Barbe en point d'Argentan. 255
Fig. 196. Barbe en point d'Alençon. 256
Fig. 197. Barbe en point d'Alençon. 257
Fig. 198 et 199. Points d'Alençon. 258
Fig. 200. Point d'Alençon. 259
Fig. 201 et 202. Points d'Alençon. 260
Fig. 203 et 204. Point d'Alençon. 261
Fig. 205. Volant en Point d'Alençon. 263
Fig. 206. Passement exécuté au Puy 266
Fig. 207. Guipure du Puy (xviie siècle) 267
Fig. 208 et 209. Cols en dentelle du Puy et de Craponne. . . 268
Fig. 210 à 215. Guipures du Puy et de Craponne. 269
Fig. 216. Guipures fil, du Puy. 270
Fig. 217. Dentelle du Puy. 271
Fig. 218. Guipure du Puy. 271
Fig. 219. Guipure du Puy appliquée sur tulle. 272

LES IMITATIONS DE LA DENTELLE

Fig. 220. Imitation du point d'Alençon. 278
Fig. 221. Venise moderne. Copie d'ancien. 279
Fig. 222. Imitation de la dentelle blonde. 281
Fig. 223. Imitation de la dentelle Chantilly. 282
Fig. 224. Imitation de la dentelle Chantilly 283
Fig. 225. Imitation de la dentelle Chantilly 283

TABLE DES PLANCHES OU FIGURES.

	Pages.
Fig. 226. Imitation du point de France	284
Fig. 227. Imitation de la dentelle de Bruges	285
Fig. 228. Imitation du point de Paris	286
Fig. 229. Imitation de la dentelle Duchesse	287
Fig. 230. Imitation du point de Bruxelles	288
Fig. 231. Imitation de la dentelle Malines	289
Fig. 232. Imitation de l'Application d'Angleterre	290
Fig. 233. Imitation de la dentelle Valenciennes	291
Fig. 234. Imitation du Point de Gênes	292
Fig. 235. Imitation du Point de Venise	293
Fig. 236. Imitation du Point de Venise	294

DENTELLES VÉRITABLES ET LEURS IMITATIONS

Fig. 237. Dentelle Chantilly, imitation exécutée à la machine.	295
Fig. 238. Dentelle Chantilly, exécutée aux fuseaux	295
Fig. 239. Imitation de Valenciennes, fabriquée mécaniquement.	298
Fig. 240. Dentelle Valenciennes, véritable, exécutée aux fuseaux	299

CONCLUSIONS

Fig. 241. Dentelle Chantilly (xviiie siècle)	301
Fig. 242. Point d'Alençon	304
Fig. 243. Robe d'enfant, en Point d'Irlande	305
Fig. 244. Col Anne d'Autriche	306
Fig. 245. Dentelle de Valenciennes	307
Fig. 246. Point de Gaze	312
Fig. 247. Application, modèle de point à l'aiguille	313
Fig. 248. Fleurs faites aux fuseaux et appliquées sur tulle	313
Fig. 249. Point d'esprit	313

FIG. 246. — Point de gaze. Réseau et fleurs à l'aiguille.

Fig. 247. — Application. Modèle de point à l'aiguille.

Fig. 248. — Fleurs faites aux fuseaux et appliquées sur tulle.

TABLE GÉNÉRALE

Genres de dentelles	17
Origine de la dentelle	23
Le luxe des dentelles aux xvie, xviie, xviiie et xixe siècles	25
Des efforts faits en France pour encourager l'industrie de la dentelle au commencement du xxe siècle	93
Les dentelles italiennes	135
Les dentelles belges	157
Les dentelles anglaises	189
Principaux centres de production de dentelles françaises	209
Les dentelles du Calvados	211
Les dentelles de l'Orne	230
Les dentelles de la Haute-Loire, de la Haute-Saône et des Vosges	263
Les imitations de la dentelle	273
Dentelles véritables et leurs imitations	295
La Rénovation de la dentelle	301

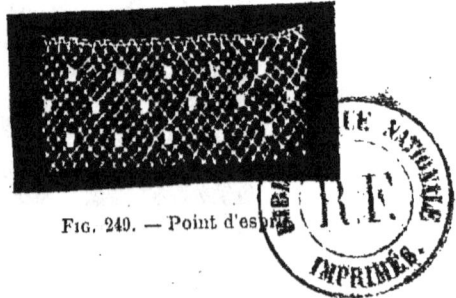

Fig. 249. — Point d'esprit.

CE VOLUME A ÉTÉ ACHEVÉ D'IMPRIMER
EN LA MAISON LAHURE (IMPRIMERIE GÉNÉRALE DE PARIS)
LE XXX° JOUR D'AVRIL
DE L'ANNÉE MDCDIV

EN VENTE CHEZ TOUS LES LIBRAIRES

CAMILLE FLAMMARION

OUVRAGE COMPLET

Le meilleur marché des Encyclopédies — Et la plus scientifique

DICTIONNAIRE ENCYCLOPÉDIQUE UNIVERSEL
Illustré de nombreuses figures et cartes

CONTENANT TOUS LES MOTS DE LA LANGUE FRANÇAISE ET RÉSUMANT L'ENSEMBLE DES CONNAISSANCES HUMAINES, PUBLIÉ AVEC LE CONCOURS DE SAVANTS ET D'ÉCRIVAINS CÉLÈBRES.

Huit beaux volumes grand in-8° jésus

Prix : Brochés . . . **95** francs.   Reliés demi-maroquin. **130** francs.
Prix de chaque volume pris séparément : Broché . . . . . **12** francs.
— — Relié . . **17** francs.

Souscription permanente à 5 francs par mois

Les huit volumes brochés sont expédiés dans la huitaine qui suit le premier versement de 5 francs (en mandat-poste), et les volumes reliés dans la quinzaine. Indiquer si l'on désire la reliure verte ou rouge.
L'emballage est gratuit et l'envoi est fait *franco* de port; les quittances sont présentées par la poste du 1ᵉʳ au 5 de chaque mois sans frais pour le souscripteur.

Indiquer très lisiblement son nom et son adresse, ainsi que la gare la plus proche de son domicile.

On peut toujours se procurer l'ouvrage en livraisons à **10** centimes ou en séries à **50** centimes.

CH. BROSSARD

Ouvrage terminé — Ouvrage terminé

TOUTE LA FRANCE
Photographiée en noir et en couleurs
GÉOGRAPHIE PITTORESQUE ET MONUMENTALE DE LA FRANCE

Description du Sol. — Curiosités. — Monuments.
Cartes des Départements

Chaque volume renferme 600 gravures dont 160 en couleurs.
L'ouvrage, tiré sur papier couché, forme 5 volumes grand in-8°.

Tome I. — **LA FRANCE DU NORD**. — Tome II. — **LA FRANCE DE L'OUEST**
Tome III. — **LA FRANCE DE L'EST**
Tome IV. — **LA FRANCE DU SUD-OUEST**
Tome V. — **LA FRANCE DU SUD-EST**

Prix du volume, broché. **25** francs. — En reliure demi-chagrin, plaque. **32** francs.
En reliure amateur, coins. **35** francs.

L'ouvrage se vend également par départements

EN VENTE CHEZ TOUS LES LIBRAIRES

BIBLIOTHÈQUE
des
ARTS APPLIQUÉS AUX MÉTIERS
L'ÉDUCATION MANUELLE — TRAVAUX FÉMININS

Collection nouvelle in-8° carré (320 pages). Nombreuses illustrations.
Prix de chaque volume, broché : **3 fr. 50** — Reliure artistique : **4 fr. 50**

Décoration du Cuir

Sculpture — Modelage
Ciselure - Patinage - Mosaïque par superposition

ENSEIGNEMENT TECHNIQUE DES FORMULES ET TOURS DE MAIN

PAR

GEORGES DE RÉCY

In-8 carré (320 pages). *Illustré de 135 planches ou figures.*

DE LA DÉCORATION DU CUIR

Incision et modelage. — Nomenclature des outils à employer. — Du choix des peaux. — Report du dessin sur le cuir. — Mouillage du cuir. — Incision du cuir. — Cuirs dits incisés ou gravés. — Cuirs ciselés. — Matrice. — Cuirs martelés. — Cuirs modelés. — Repoussage du cuir. — Cuirs modelés avec fonds abaissés à l'outil. — Cuirs pyrogravés. — Peintogravure. — Manière de procéder. — Cuirs estampés. — Cuirs découpés à jour.

DÉCORATION EN COULEUR DES CUIRS

Des teintures et des patines en général. Potasse. Rouges. Jaunes. Bleus. Verts, etc.

DE LA DÉCORATION DES CUIRS
AU MOYEN DES TEINTURES ET DES PATINES

Fonds dégradés. — Marbrure. — Rainage. — Bruine. — Dorure. — Dorure au fer chaud.

DU CHOIX DES DÉCORS ET DES TEINTES

Objets usuels. — Liseuses-buvard. — Teintes de fond. — Teintes pour les ornements. — Teintes pour les rehauts. — Emploi du sulfate de fer — du vert malachite — du rouge caroubier, etc. — Les motifs en relief et les décors à plat. — Harmonie des couleurs. — Fleurs stylisées et non stylisées. — Le découpage à jour du cuir. — Les lavis et les fonds. — De la composition des grands panneaux de tentures. — La science de la composition, traduction des formes de la nature. — Emprunts de l'art moderne aux anciens décorateurs. — De la conservation du cuir moderne. — Procédés pour le préserver de toute altération.

DE LA MOSAIQUE SUR CUIR EN GÉNÉRAL

Des peaux sur lesquelles se font les mosaïques. — Préparation des peaux devant former le fond ; leur collage sur carton. — Parure des bords de la peau à tendre. — De la mosaïque monochrome sur veau. — Des peaux destinées à être superposées sur le fond. — Collage du papier support. — Report du dessin sur le papier. — Du choix des outils. — Découpage et collage du décor. — Décollage du papier support. — Ceinure des contours. — Mosaïque polychrome. — Sertissage. — Mosaïque polychrome sur fond de maroquin. — Collage du décor sur maroquin. — Mosaïque en relief. — Mosaïque par incrustation.

EN VENTE CHEZ TOUS LES LIBRAIRES

BIBLIOTHÈQUE
des
ARTS APPLIQUÉS AUX MÉTIERS
L'ÉDUCATION MANUELLE — TRAVAUX FÉMININS

Collection nouvelle in-8° carré (320 pages). Nombreuses illustrations.
Prix de chaque volume, broché : **3 fr. 50** — Reliure artistique : **4 fr. 50**

Décor par la Plante

L'Ornement et la Végétation

THÉORIE DÉCORATIVE
et
APPLICATIONS INDUSTRIELLES

PAR

ALFRED KELLER

In-8 carré (320 pages). *Illustré de 685 dessins exécutés par l'auteur*

Le décor appliqué — Règles de la composition
La symétrie — Le rayonnement — L'alternance
La répétition et l'alternance
Contraste et coloration — La matière employée
La plante emblématique
Le style — L'ornementation dans les styles
L'ornement et ses origines
Étude scientifique de la plante
Nutrition de la plante — Ramifications
Bourgeons
La feuille — La tige et les feuilles — La fleur
Inflorescences — Enveloppes florales
Origine du fruit
Reproduction de la plante
Le décor — La nature et la géométrie

EN VENTE CHEZ TOUS LES LIBRAIRES

COMMENT DISCERNER LES STYLES
ENSEIGNÉ PAR L'IMAGE

LA DENTELLE

Transformations Progressives
XVIe et XVIIe Siècles
CINQ CENTS REPRODUCTIONS DOCUMENTAIRES

Un volume in-4° relié en toile. . . . . . **26** francs.

Division par Provenances et par Époques

Allemagne. { XVIe **siècle**...... Planches 1, 15, 20
{ XVIIe **siècle**...... Planches 31, 40 à 50, 64, 65, 66, 67 à 70

France..... { XVIe **siècle**...... Planches..... 10 à 12, 21, 22, 23, 24, 25
{ XVIIe **siècle**...... Planches..... 36 à 39, 59, 60, 61, 62, 63

Italie....... { XVIe **siècle**...... Planches... 2 à 9, 13, 14, 16, 17, 18, 19
{ XVIIe **siècle**...... Planches... 26 à 30, 32 à 35, 51, 52 à 58

Ordre Alphabétique des 500 Documents reproduits

Aubes..................... Planches...................... 28, 59, 60, 61, 62
Berthes, Collerettes, { Planches 10, 11, 13, 14, 26, 28, 29, 30, 32, 33, 40,
Fraises et Gorgerins { 41, 43, 45, 46, 47, 49, 55 à 58, 63, 65, 71 à 80
Bordures et Feuillages.... Pl. 1, 2, 4 à 9, 15, 18, 27, 33, 34, 43, 48, 65, 68
Carrés, Pertuis et Roses.. Planches 3, 12, 17, 19, 21 à 25, 31, 32, 35, 37,
39, 42, 44, 49, 64, 67, 69, 70
Manchettes... Planches 16, 19, 20, 36, 45, 47, 48, 50, 51, 52, 53, 66, 73, 74
Mouchoirs (Coins de). Planches 30, 35, 40, 41 (Voir aussi: Berthes, etc.).

EN VENTE CHEZ TOUS LES LIBRAIRES

DOCUMENTS ET MODÈLES
UTILISÉS DANS TOUTES LES INDUSTRIES D'ART

Recueil de Seize Cents Documents
POUR

L'Industrie Dentellière

publiés en Cent trente planches

REPRODUCTION DE DENTELLE VÉRITABLE
depuis le xv° siècle jusqu'à nos jours

ESQUISSES ORIGINELLES POUR DENTELLE MÉCANIQUE

par HENRI LEMAIRE, Dessinateur

Un volume in-folio (en carton). . . . . **120** francs.

La Fleur appliquée à l'Industrie
des
TULLES, RIDEAUX, BRODERIES, ETC.

par HENRI LEMAIRE

22 planches (120 documents). In-folio . . . **30** francs.

Dentelles inédites et Dessins nouveaux

par HENRI LEMAIRE

22 planches (102 documents). In-folio . . . **30** francs.

MOTIFS VARIÉS
pour
Rideaux, Broderies, Dentelles, etc.

par HENRI LEMAIRE

30 planches (230 documents). In-folio . . . **30** francs.

www.ingramcontent.com/pod-product-compliance
Lightning Source LLC
Chambersburg PA
CBHW071344150426
43191CB00007B/847